완벽하지 않은
하루도 선물이야

완벽하지 않은
하루도 선물이야

이레 산문집

웨잇
포잇

〈목차〉

너의 30분과 함께 하고 싶어 ⋯10p

세상의 모든 케이크 ⋯12p

쓸데없는 짓 ⋯14p

시차 ⋯16p

백수 ⋯18p

오래오래 ⋯20p

삶에 케이크가 있어서 다행이야 ⋯22p

상상 ⋯24p

물들어 ⋯26p

보고 싶다 ⋯28p

아침 하늘 ⋯30p

깨닫는 과정 ⋯32p

노견 ⋯33p

아파도 괜찮아 ⋯34p

계속되는 삶 ⋯36p

오만 ⋯38p

연민 ⋯40p

몽글한 하루 ⋯42p

무기력 ⋯44p

달고나 ⋯46p

무소의 뿔 ⋯48p

결국 사람 ⋯50p

머리카락보다 마음이 상했겠지 ⋯52p

불완전한 어른 ⋯54p

두려움과 설렘 사이 ⋯56p

선형의 시대를 지나며 ⋯58p

새벽 ⋯60p

사랑해 ⋯62p

아무것 ⋯64p

우리가 늙지 않는다면 ⋯66p

인연 ⋯68

지나고 보니 ⋯70p

그럴 수도 있지 ⋯72p

찰나 ⋯74p

배려 ⋯76p

미완성 ⋯78p

연대 ⋯80p

개화 ⋯82p

넓어지는 세계 ⋯84p

공백 ⋯86p

문을 지나온 너에게 …88p

우는 방식 …90p

레드벨벳 케이크 …92p

그날이 오면 …94p

다음 계절 …96p

이름표 …98p

글을 쓰는 이유 …100p

원망 …102p

저쯤 …104p

돌아갈 곳 …106p

내 옆자리 …108p

관계 속으로 …110p

1분 …112p

이별 준비 …114p

계획 없음 …116p

예상치 못한 …118p

내가 되고 싶은 …120p

건강 …122p

혜성 …124p

평범 …126p

쓸모 …128p

존재하는 기쁨 ···130p

떠난 너에게 ···132p

아껴두지 말자 ···134p

펫로스 증후군 ···136p

그냥 ···138p

열심히 사는 건에 대하여 ···140p

하고 싶은 게 많아서 ···142p

바나나 ···144p

순간 ···146p

새벽 3시 ···147p

갈음하다 ···148p

닳아버린 ···150p

가진 것들 ···152p

남부끄럽게 ···154p

강한 사람 ···156p

바랜 사랑 ···158p

완벽하지 않은 하루 ···160p

늦은 배움 ···162p

준비 ···164p

영원 ···166p

불안한 날 ···168p

상실의 밤 ···170p

첫 연애 ···172p

나와 함께 하기 ···174p

괜찮아 ···176p

연결(1) ···178p

연결(2) ···180p

헤어지던 날 ···182p

불면 ···184p

다음 생일까지 ···186p

첫 단추 ···188p

맥주잔 ···190p

우리의 문장 ···192p

챌린지 ···194p

또 봐 ···196p

**하루하루 진심으로 살아가는 너에게
이 책을 선물로 주고 싶어.**

너의 30분과 함께 하고 싶어

안녕, 이 글을 쓰면서 가장 고민했던 게 이 책이 너에게 어떤 의미로 다가가면 좋을지, 어떤 시간에 너와 함께 하면 좋을지였어. 어떻게 하면 우리의 물리적 거리를 줄일 수 있을까- 고민해봤어. 너와 여운이 남는 시간을 보내려면 어떻게 할까 하다가 내 일상이 담긴 글을 모아 너에게 보내면 좋겠다고 생각했어.

나는 잔잔한 일상을 좋아해.
카페에 가서 케이크를 먹으며 글을 쓰거나, 선선한 바람이 부는 거리를 아메리카노 하나 달랑 들고 걸으며 대화하는 걸 좋아해. 혹은 술집에 가서 한잔하며 하루를 나누는 것도 좋지.

시시한 얘기든, 진지한 얘기든, 웃긴 얘기든, 다.
네가 뭘 좋아하든 너와 편하게 일상을 말하고 싶었어.

바쁜 너의 일상에 긴 시간을 빌리기는 미안해서 잠시 머무는 동안만 함께할 수 있으면 했어. 커피 한 잔 식기 전까지,

네가 집에 가기 전, 잠시 앉아 있는 시간 동안 혹은 술잔이 비워질 때까지. 그 정도면 충분해.

이 책이 너의 손에 가볍게 들릴 수 있으면 좋겠어.
혼자 있어도 누군가와 대화하는 듯한 시간이 되길 바랐어.
책에는 조금은 달콤하고, 조금은 쓸쓸한 그런 이야기들로 채웠어. 나의 하루를 하나하나 담으면서 너에게 '우리 모두 이렇게 살아가고 있구나' 하는 공감 하나만은 전하고 싶었어. 이건 나의 마음이자 너에게 쓰는 편지야. 내 마음을 보여주면 너도 언젠가 너의 마음을 편하게 꺼내놓을 수 있을까 해서.

네 하루가 지치고 마음이 복잡할 때
이 책이 네 손에 가볍게 들릴 수 있었으면 해.

그러니까 오늘은 그냥, 나랑 잠시 이야기나 하자.
커피를 식히지 말고, 네 마음을 깊게 숨기지도 말고,
그저 한 30분 동안만 나와 함께 있으면 돼.
케이크 한 조각이나 커피 한 잔 혹은 술 한 잔 곁에 두고.

삶이 엉망이어도, 아직 달콤한 게 남아있으니까.

세상의 모든 케이크

"아, 진짜 왜 살지."

행복을 느끼게 해주는 호르몬의 결핍으로, 메마른 내 뇌는 수시로 이런 생각을 했어. 삶의 이유를 찾으려는 시도는 늘 허망했고 산다는 것의 의미는 빵 부스러기만큼도 내게 남겨지지 않았거든. 그런 나를 내가 가장 잘 알았어.

나는 이유 없는 절규를 이따금 쏟아내는 사람이었고, 삶을 지탱할 기둥이 남들보다는 더 필요한 사람이었지. 뭐든 목표라도 있어야 삶을 유지할 이유를 얻게 되는 그런 사람이 나였어.

난 그래서 목표를 만들기로 했지.

높은 목표는 쉽게 포기하게 해.
대단한 목표는 우릴 시작조차 못하게 압도해.
우리에겐 유치하고, 엉뚱하고, 발랄한 목표가 필요해.
다소 바보 같아도 괜찮고
조금은 이상해보이는 그런 목표도 괜찮아.

내가 세운 목표는 세상의 케이크를 다 먹어보는 거야.

세상의 모든 케이크를 다 먹어보겠다는 건
어디로든 여행을 가겠다는 것이고
새로운 사람들을 만나겠다는 것이고
알지 못했던 도시의 공기와
낯선 나라의 언어를 맞이하겠다는 의미야.

우린 케이크 조각으로 세상을 구경하게 될 거야.
 바닐라 향이 은은한 프랑스의 카페, 딸기 크림이 산처럼 쌓인 도쿄의 작은 가게, 겨울밤 우리 동네의 카페 창가까지—

그러니 너도
삶이 버겁고 힘들다면
나와 함께 케이크를 먹으러 가자.

세상의 어딘가 작은 카페에 앉아
설탕이 녹아내린 접시 위에
삶의 이유를 한 조각씩 올려놓으며
우리, 함께 먹자.

쓸데없는 짓

인문학 강의를 듣고 있었다. "자신의 묘비에 어떤 글이 적히길 원하세요? 한번 써볼까요?"라고 강사님이 말씀하셨다. 가끔은 한 번씩 유서에는 뭘 쓸까- 생각해 봤지만, 묘비는 처음이었다.

묘비에는 뭘 적으면 좋을까?
아는 거라곤 '우물쭈물하다 내 이럴 줄 알았지' 정도뿐인데.
나는 한참 생각하다 나름 진지하게 적어보았다.

'쓸데없는 짓을 재밌게 하다가 감'

사는 의미를 따지면서도 결국엔 별 의미 없는 일에 웃고 우는 게 인생이라고 생각한다. 남들 눈엔 쓸데없어 보여도 누군가에게는 그게 가장 하고 싶은 일이고, 마음이 기쁜 일일 수도 있으니. 내 눈에 쓸데없어 보인다고 쓸데없다고 말하기가 어려운 이유다.

하기 싫은 유익함보다
하고 싶은 쓸데없음을 택하는 삶은
적어도, 즐거움은 가득하겠지.

매사에 비장했던 나는
비장한 만큼 많이 울어야 했다.
조금은, 바보같이 살걸.
그럼 더 웃었을 텐데.

쓸데있는 것만 하는 삶만이 삶인가.
그렇다면 우리 세상은 지금처럼 아름답진 않을 거다.

나는 좀 더 유치하게, 좀 더 유쾌하게
쓸데없는 것을 재미있게 하며 살고 싶다.

지금 내 묘비 글은 꽤 마음에 든다.
'쓸데없는 짓을 재밌게 하다가 감'
이 정도면 근사하지 않은가.

시차

기억나?
내가 그랬잖아.
사는 건 무의미 그 자체라고.
그러니까 나를 내버려 두라고.

나는 몰랐어.
너 역시 사라져가는 삶 속에서
네 존재를 긋는 고독을
반복하고 또 반복하고 있었다는 걸.
네가 내게 보여준 밝음은
너의 아주 작은 일부였다는 걸.

허무를 안고 살아가는 나를
네가 잡아보고 또 잡았던 건
내가 네게 유일한 유의미였기 때문이겠지.
너는 그렇게 삶을 잡고 싶었겠지.

너는 말했어.
죽기 위해 태어난 것들은 없다고.
만약 그렇다면 내 삶도, 네 삶도 아무것도 아닌 게 된다고.

"이미 무의미한 삶에 의미를 만든 건 너야."
너의 말이 그때는 그저 막연해서
고개를 숙이고 애꿎은 땅만 발로 쿡쿡 찼어.

우리 사이에는 시차가 존재했던 거야.
넌 무의미의 바닥에 닿고 의미를 다시 세우고 있었고
난 무의미한 바닥으로 떨어지는 중이었지.

난 왜 이제야 안 걸까.
너라는 존재가 사라지고 나서야,
우리의 모든 것이 유의미였다는 걸.

백수

일을 쉬었다. 백수가 되었다.
사람들이 말하는 거실에 누워있는 백수.

분명히 한 일은 많은데
이력서에 쓰려고 보니 중구난방이었다.

나는 학생도 아니고 직장인도 아니었다.
어른들의 말에 의하면 '식충이' 정도일까.

사람들은 백수가 부럽다고, 편해 보인다고 한다.
역시 사람들은 보이는 것만 본다.
백수가 얼마나 힘든지는 모르고.

적어도 나는 그랬다.
백수 생활이 편치 않았다.

왜 아무도 날 필요로 하지 않을까?
정말 나는 사회의 티끌마저도 될 수 없는 걸까?

나는 세상이 원하는 속도에 맞추고 싶어서
옆에 뭐가 지나가는지도 모르고 마구 달려 나갔다.

달리다가 낙오된 나는 걸음마도 떼지 못하고
머리만 쉼 없이 움직이는 백수가 되어버렸다.

벽에 걸린 시계를 본다.
이 공간 안에서 유일하게 제일 열심히 일하는 친구.
나도 저 시간 사이 어디쯤에 있었어야 했는데.
시계는 여전히 혼자 바쁘다.

땅을 파면 나오는 애벨레 마냥 몸을 웅크린다.
눈물이 옆으로 흘러 귀에 닿는다.
나는 네버랜드로 떠나는 소녀가 되어 눈을 감는다.

오래오래

친구 어머니의 생일파티에 얼떨결에 끼게 되었다.
낯선 집, 낯선 사람들, 흥겨운 분위기. 서로 나눠먹는 음식.
각자가 하고 싶은 말을 하고 있지만, 어쩐지 대화가 되는 모습.
케이크의 촛불을 끄고 어머님이 가족들에게 따뜻하게 말했다.

"우리, 오래오래 행복하게 살자."

오래오래-
얼마나 오래를 말하는 걸까.
행복하게-
어떻게 행복할 수 있는 걸까.

손을 뻗으면 애초에 존재하지 않았던 것처럼
흩어지는 말을 모두가 기분 좋게 웃으며 나누고 있었다.
의문감과 이질감이 대충 뒤섞인 채로 내 안에 쏟아졌다.
낯선 땅에서 낯선 말을 듣고 있는 길 잃은 이방인이 되었다.

이토록 추상적인 말을
이토록 아름답게
이토록 따뜻하게 할 수 있을까.

나도 오래오래-라는 말을 나눌 사람을 만날 수 있을까.
나도 행복하게-라는 말을 해주는 사람을 만날 수 있을까.

나와는 관련 없는 말 같기도 하고
내가 앞으로 쓸 일이 없는 단어 같기도 했다.

그땐 그렇게 생각했었는데
지금 나도 모르게 너에게 말하고 싶어진다.

비록 약속이 아니라 기도에 가깝더라도,
너와 함께하는 시간이 더 깊어지길 바라는 마음에
겨우 입을 연다.

"우리, 오래오래 행복하게 살자."

삶에 케이크가 있어서 다행이야

퇴근길 카페에 앉아 있었다. 유리문이 벌컥 열리며 친구가 울먹이는 얼굴로 들어왔다. 눈두덩은 벌겋게 부어 있었고, 가느다란 입술이 파르르 떨렸다. 아무 말 하지 않아도 알 수 있었다.

또 그 사람과 헤어졌구나.

"야… 나 진짜 이번엔 끝났어."

친구는 터져 나오는 눈물을 막지 못했다. 친구는 휴지로 대충 얼굴을 가리고 흐느꼈다. 화장이 번진 친구의 모습을 보니 짠했다. 어떻게, 어떤 말을 해줘야 할지 고민이 됐다.

위로란 대체 어디까지가 위로일까.
괜찮다고 말하면 가볍고
같이 욕을 하면 허무하고
그냥 듣고만 있자니 너무 쓸쓸했다.

"먹어."

내가 포크를 건네자, 친구는 거절하지 않고 얌전히 포크를 받아들었다. 가나슈 조각이 끈적하게 입안에 녹아들수록, 울음도 잦아들었다. 친구는 웅얼거리며 작게 말했다.

"맛있다."

한 사람과 몇 번의 이별과 만남을 반복한 친구는 이제 어느 정도는 체념한 것 같았다. 첫 이별에는 몇 주 동안 식사를 못할 만큼 아팠던 그녀였다. 눈물은 여전히 흘리고 있었지만, 가나슈 조각을 먹을 수는 있게 되었으니, 꽤 성장한 것 같았다.

"봐. 모든 게 엉망이어도"
내가 말했다.
"아직 달콤한 게 남아있잖아. 그래서 다행이야."

우린 그날
초콜릿처럼 진하고 달콤한
한 조각의 밤을 천천히 나눠 먹었다.

상상

타인의 삶이 부러웠던 적이 있다.
어떤 걱정을 하지 않아도 되고, 부모님께 말만 예쁘게 하면 다 가질 수 있는 삶이 부러웠다. 이건 얄팍한 시기심이다.
'나는 왜 없지. 나도 가지고 싶다.'
그런 마음에서 나온 시기심.

애초에 가진 적이 없으니,
허기라고 부르는 게 맞으려나.
그렇다고 타인의 삶이 망가지길 바라는
파괴적 시기심까지는 아닌 것 같고.

나는 가진 적 없는 것들을 자꾸 그리워한다.
그리움에도 종류가 있다.
내 그리움은 있어야 했던 것의
부재와 결핍에서 시작됐다.

무섭고 깜깜한 밤, 어둠 속에서 들려오는 '괜찮아'
잠들 때까지 등을 토닥여주는 손길.
아플 때 옆을 지키며 걱정하는 부모의 마음.
학교를 마치자마자 뛰어가서 드러누울 수 있는 아늑한 집.
내 생일을 기억하는 아빠, 엄마의 모습 같은 것들.

한 번도 내 것이었던 적이 없는데
나는 그것들을 그리워한다.

있어야 했지만 없었던 순간들은
내 안에서 자라나 사라지지 않는다.
그것들은 오랫동안 하나의 추억처럼 나를 울리고 있다.

사랑받지 못한 기억이 아니라
사랑을 상상한 기억이 나를 이렇게 만든다.

사랑은 막 햇볕에 말린 이불처럼 보송하고 따뜻하겠지.
상상으로 허공에서 사랑을 찾아본다.

물들어

세상이 무채색이었어.
내 방도, 건물도, 하늘도, 땅도,
사람들도 모두 무채색이었어.

특별히 이뤄내야 할 것도 없고,
의미도 없는 그런 삶.

그런 삶에서도
색색의 물감을 들고 나타났던
사람들이 있었어.

어떤 사람은 내 봄날을 노란색으로 물들여줬고
어떤 사람은 붉은 튤립 색으로 내 삶에 번져왔어.
진하게 한 점을 찍고 간 사람도 있었고
옅은 수채화로 넓게 퍼져갔던 사람도 있었지.

끝이라고 생각했던 그곳에 서서
나를 안아줬던 사람들이 있었어.
마음껏 울게 품을 빌려준 사람들이 있었어.

덕분에 내 삶에는 색이라는 것이 생겼어.
발그레한 복숭아색도 있고,
짙게 퍼지는 밤하늘의 남색도 있고,
물방울이 하나 똑 떨어질 것 같은 싱그러운 색도 있지.

그 옛날, 어떤 이들이 내 삶에
색을 입혀주었듯,
이제 나도 그렇게 해볼게.

무채색의 삶을 살고 있는 너의 마음에
봄의 향기를 살짝 묻히고
가을 공기의 시원한 위로를 들려줄게.

네 삶의 한 구석,
그림자 지는 자리에
나, 물들어볼게.

보고 싶다

유독 보고 싶다고 자주 말해주던 이가 있었다. 그는 나를 자주 찾아왔다. 한순간도 망설일 수 없다는 듯, 그의 발걸음은 빠르고 뜨거웠다. 예상치 못하게 내 삶에 불쑥, 급하게 들어와 버렸다.

"보고 싶다. 이레야."
나는 그의 보고 싶다는 말이 좋으면서도 낯설었다.
누군가가 나를 보고 싶어 했던 적이 없어서 더 어려웠다.
무슨 말이지? 무슨 말일까.
보고 싶다는 말을 들으면 보통의 여자들은 설렘을 느끼고,
사랑하는 감정이 샘솟는다는데, 나는 '얼굴이 보고 싶으면 사진을 봐도 되고, 내일 봐도 되는데.'라는 생각만 들었다.
나는 그에게 다가가지 못하고, 멀찍이 서 있었다.

"네가 멀어져도 난 네가 종종 보고 싶을 거야."
헤어지는 순간에도 그는 보고 싶을 거라고 했다.
얼굴은 만나면 볼 수 있는 건데, 보고 싶다는 것도 감정일까.

나는 그의 마음을 이해하지 못한 채 시간을 보냈다.
그를 잊고, 나는 여러 번의 만남과 이별을 거쳤다.
때때로 감정의 진폭이 큰 만남도 있었다.
안녕과 잘가의 반복 사이에서 나는 문득 그가 떠올랐다.
그와 헤어지던 날, 언니가 했던 말이 바로 옆에서 들렸다.

"당연히 가면 만날 수 있지. 그걸 누가 몰라?
보고 싶다는 말은 내 몸 대신 마음을 보낸다는 뜻이야."

아마 그가 말했던 보고 싶다는 말은
그냥 얼굴이 보고 싶다는 말은 아니었을 거다.
너를 참 그리워하고 있다는 말이었을 거다.
내가 없는 시간 속에서
나를 보고 싶어 했을 그의 모습이 흐릿하게 그려졌다.

"그랬구나. 네가 이런 마음이었구나."

겁이 많아 매번 발 하나는 뒤로 빼놓고 만났던 나였다.
그가 한 말의 속뜻을 알려고 애쓰다
그의 진심을, 마음을 놓쳐버렸다.

아침 하늘

하늘의 얼굴은 몇 가지일까.
하늘이 보여주는 색은 매번 다른 이유가 뭘까.

연한 분홍빛이 서서히 번지면서
저 멀리 짙은 남색과 섞이기도 하고
옅은 하늘색 사이에 진한 금빛이 뚫고 나오면서
길게 선을 긋기도 하는, 매일 다른 얼굴.

어찌 됐든 아름답지 않은 하늘은 없고
특히나 아침 해가 떠오를 때의 하늘은
형용할 수 없는 감정을 솟구치게 해서
나도 모르게 아이처럼 소리를 내고 만다.

신은 복잡하고 고약한 인간사를 속속들이 이해하고 있어서
우리에게 아침 하늘을 줬는지도 모른다.

출근하는 이든, 세월을 마시다 새벽을 만난 이든
멀리서 밝아지는 아침 하늘을 보고
지독한 순간을 잠시나마 잊게 하려고.

하루를 더 살아보라고
조금만 더 버텨보라고

어제의 상처를 지우고 새로이 시작하라고
신이 새 하늘을 내어주는 거겠지.

나는 광활하게 펼쳐진 캔버스에
붓을 이리저리 흔드는 손길을 보며
뭉글뭉글한 감정을 느낀다.

하늘이 예쁜 건
오늘 하루를 더 살아보라는,
그러면 내일은 또 다른 하늘을 보여주겠다는
신의 약속이기 때문이겠지.

깨닫는 과정

사람이 나이가 든다는 것은
자신이 아무것도 아니라는 걸
깨닫는 과정이라고 했다.

어려서는 나는 다를 거라고 생각했는데
지금의 나는 정말 아무것도 아니라는 걸,
알고 싶지 않아도 알아가고 있다.

일 앞에서, 돈 앞에서, 꿈 앞에서 그리고 너의 앞에서.

아무것도 아닌 내가 뭘 해도 미미하다면
아무거나 해봐도 상관없는 거 아닌가?

깨닫고 말았다.
아무것도 아니라서
아무것을 할 수 있는 나를.

노견

툭- 늘 그렇듯,
예상 없이 너의 흔적이 튀어나온다.
눅눅한 냉기를 머금은 낡아빠진 담요 한 장

봄까지만 살자 했지-
너는 뭐가 그리 바빴니
봄까지만 살자고 했잖아.

눈으로 말했었지
차마 입으로 말하기엔
감정도 같이 쏟아져 버릴까 봐
우리, 눈으로 약속했지

나는 담요에 축축한 얼굴을 묻고
봄 냄새가 나지 않는 너를 그린다.

아파도 괜찮아

어렸을 때, 나는 자주 아팠다. 기침이 멈추질 않았다. 친엄마가 나를 임신했을 때 담배를 피워서 그렇다는데, 아빠도 줄담배를 피우는 걸로 봐선 아빠 탓도 조금은 있는 것 같았다.

달리기를 하면 숨쉬기가 어려워져서 체육 시간에 혼자 멀찍이 앉아 있었던 적도 있다. 그렇다고 운동을 싫어한 것은 아니어서 기를 쓰고 친구들이랑 뛰어다니려고 했다. 어쩌다 무리한 날이면 어김없이 감기에 걸리곤 했다.

"넌 왜 이렇게 자주 아프니. 아프면 안 돼.
그러면 사람들이 싫어하거든."

어른들은 내가 아플 때마다 말했다.
아픈 건 타인을 귀찮게 하니까 틀린 말은 아닌 것 같기도 했다.
그때부터 아프면 어른들 몰래 약을 집어먹고 괜찮은 척했다.

환절기가 되면 종종 감기에 걸리고,
계절이 바뀌는 시기엔 장염에 자주 걸렸다.
내 존재가 민폐가 된 것 같았고,
자주 아픈 나 자신이 미웠다.

"아픈 게 왜 미안하죠?"
하루는 상담사 선생님이 말했다.
나는 아무 대답도 못 했다. 선생님이 덧붙였다.

"약하다는 이유로 미안하다면
세상은 강자 한 명 빼고 전부 미안해야 하는 세상이겠네요.
우리, 그런 세상에 살지 않도록 해요."

나는 약한 내가 싫었나.
왜 약하면 안되는 건가.
목에 걸려 있던 돌멩이 하나가 스르르 떨어졌다.

계속되는 삶

지인의 부고 소식을 들었다. 연락을 자주 주고받는 사이는 아니지만 그래도 소소하게 오며 가며 마주치면 인사는 하던 사이. 나보다 세 살 많았던 오빠. 밝고 활발하고 세상 자신만만해 보였던 사람. 그랬던 사람이 어느 날 갑자기 세상을 떴다는 소식을 들었다. 유서도 없이, 그는 이 세상을 등지는 선택을 했다.

우리 모두에겐 '갑자기?'였겠지만 그에게는 갑자기가 아니었겠지. 그에게 하루가 지나가면서, 아마 오래전부터 조금씩 균열이 생기고 있었을 것이다. 겉으로는 웃고 있었지만, 마음 한구석부터 조금씩 부서지고 있었을지도 모른다.

들리는 말에는 그가 떠나기 전 주변 사람들에게 전화를 여기저기 많이 걸었다고 했다. 전화받은 이도 있었고, 받지 못한 이도 있었다. 마지막 인사였는지, 아니면 누군가 자신을 잡아주길 바랐는지는 모르겠다. 결국 그는 자신만의 어둠을 말하지 못했다. 허공에 뻐끔거렸을 그의 입이 스쳐 지나갔다.

떠난 이를 원망하며 힘들어도 살아야 했지 않았냐, 라고 말하는 사람도 있었다. 죽을 용기로 살면 된다고 말하는 이들도 있었다. 그의 마지막 선택을 두고 이래야 했다, 저래야 했다고 저마다의 방식으로 해석을 내놓았다.

나는 누군가의 죽음에 대해 왈가왈부하고 싶지 않다. 막상 태어나 살아보니 본인이 가진 것 중에 최고의 선택지가 죽음이었을 수도 있고, 죽기 싫어서 발버둥 치고 끝까지 노력했음에도, 결국은 죽음에 닿았을 수도 있다. 사람의 삶이란 속속들이 들여다보지 않는 이상 알 수 없는 노릇이다.

사람이 죽으면 육체는 사라지고, 그의 마음이 우리 주위에 남는다. 그 말이 위로가 된다고 믿는다. 그러니까 남은 우리는 다소 질척거리는 진창 같은 현실에서 그를 위해서라도 "오늘도 좋은 아침. 굿모닝."을 말하고 하루를 시작해야 한다.

떠난 이는 돌아오지 않는다.
남은 이들은 어떻게든 살아가야 한다.
죽음을 이해할 수 없을 때
우리가 할 수 있는 것은 삶을 계속하는 것뿐이다.
어쨌든, 삶은 계속되니까.

오만

어떤 책에서는 아닌 것 같으면 빨리 포기하는 게 현명한 거라고 했고, 어떤 책에서는 포기하지 않고 끝까지 하는 게 성공하는 거라고 했다. 포기하는 것이 나은 것인지, 계속 하는 것이 나은 것인지 책을 읽으면 읽을수록 답이 나오지 않았다. 어렸던 나는 책에서 답을 찾고 싶었다. 누군가 딱 정답을 말해줬으면 좋겠는데 포기를 하는 것조차 사람들의 의견이 이다지도 갈린단 말인가.

지금의 나는 적당히 포기할 것은 포기하고
잡을 것은 잡아보는 그저 그런 어른이 되었다.

나는 용감하고 꿋꿋하게 잘 버틸 줄 알았는데,
나름 똑똑한 선택이라며 현실과 타협할 줄 알게 된 나는
느슨하기 그지없는 인간이 되었다.

나도 모르게 '이만하면 됐지?' 라는 마음을 품는,
그런 어른이 되고 말았다.

사람마다 포기하는 이유가 다 제각각이겠지만
내가 무엇인가를 포기했던 이유는
끝끝내 매달려서 하고 또 했는데도 못한 게 아니라
무엇인가를 잘하지 못하는
내 꼴을 견디기 어려워서였다.

이쯤이면 저 사람보다 더 잘해야 하는데.
나는 재능이 없는 건가?
저 사람보다 내 노력이 부족한 건가?

끊임없는 자기 검열과 타협이라는 이름 뒤에 숨어, 그만 포기해버리고 말았다. 포기를 선택하면서도 누가 볼까 두려워 그럴듯한 자기 합리화를 하는 것 역시 잊지 않았다.

뒤돌아 보면, 포기한 이유는 내 오만이다.
내가 얼마나 잘났다고, 내가 뭐 얼마나 대단한 사람이라고,
무언가를 당연히 잘해야 한다고 생각했던 건지.

누군가 '왜 넌 이걸 못해?' 하고 손가락질하면
가볍게 어깨나 으쓱하면서
'뭐, 이게 나인걸?' 하면 됐을 것을.

연민

 선택한 적은 없지만, 랜덤으로 태어난 집이 가난했다. 다른 친구들보다 더 가난했기 때문에 친구들이 하지 않는 고민을 자주 해야 했다. 돈이 없다는 건, 모든 기회가 좁아진다는 것을 의미한다.

'무엇을 먹을까'에서 '먹을 수 있을까, 없을까'로.
'뭘 가지고 놀까'에서 '가질 수 있을까, 없을까'로.
'어떤 책을 읽을까'에서 '빌릴 수 있을까, 없을까'로.

 기회는 언제나 나를 피해갔다. 타인에게 당연한 기회가 내게 없다는 사실이 내가 세상을 믿지 못하게 했다. '할 수 있을까?'보다 '나한테 그런 게 허락될까?'라는 생각이 먼저 들었다. 나는 세상보다 나를 먼저 의심하는 아이가 되었다.

 의심에 의심을 더하면서도 동시에 나는 누군가의 부족함을 헤아릴 수 있는 사람이 되었다. 고통받는 타인의 앞에 서면 내게 온전하게 그 고통이 전해져 오는 그런 마음.

연민. 내 안에는 연민이 자라고 있었다.

나는 나의 아픈 기억을 더듬어 타인의 고통을 어찌어찌 가늠해 본다. 누군가 아프면 그 옆에 앉아 '그래, 너 정말 힘들겠다. 얼마나 지쳤니. 많이 힘들지.'라고 할 수 있는 내 마음 속의 연민.

'내가 이렇게 태어난 데에는 다 이유라는 게 있지 않을까?'

내가 아픔을 알아가며 자란 이유는
내게 연민이라는 마음을 가질 기회를 주고 싶었던
신의 선택일지도 모른다.

나는 종교도 없고 신을 믿지도 않지만,
만약 그런 존재가 있다면
나라는 사람을 세상에 아픔과 함께 내보낼 때는
이유가 있었겠지, 하고 어설픈 추측을 해본다.

더 다정한 사람이 되라고.
더 따뜻한 사람이 되라고.
그래서 사람을 살리는 글을 쓰라고.

몽글한 하루

수줍게 내게 건네는 편지를 너에게서 받았다.

손가락 끝에 느껴지는 편지 뒷면이 오돌토돌했다. 얼마나 네가 힘을 주어 꾹꾹 눌러 적었는지 알 수 있었다. 누군가에게서 편지를 받아 들면 '손끝에서부터 느껴지는 감동이 이런 것이구나' 하고 생각하게 된다. 고작 종이 한 장으로 우리 안에서는 묘한 감정들이 서서히 솟아난다.

색이 있는 펜을 고르고
어떤 편지지가 좋을지 한참을 고민하다
그중에 가장 좋아 보이는 것을 골랐겠지.

종이 위에서 펜을 움직이며
그 시간을 내 생각으로 보냈겠구나.
이 작은 종이를 채우려고
너의 진심을 고르고 골랐겠구나.

문장을 지우고 다시 쓰며

내가 상처받지 않게

말의 모서리를 다듬고, 또 다듬었겠구나.

괜히 쓸쓸하게 읽히지 않도록

단어의 어조를 한참 고민했겠구나.

그 마음이 잉크의 눌림과 삐뚤어진 글자 사이에 고스란히 남아있다. 손으로 적은 글에 너의 체온이 묻어있고 자국이 스며있다. 너의 자국은 내 마음을 데운다.

내 이름을 적는 데 들인 몇 초에

내 안부를 묻는 몇 줄에

하루 종일 내 마음을 몽글몽글하다.

네가 채워준 진심을 받아들고

나는 오늘의 슬픔을 지우고

네 마음으로 길게, 길게- 따뜻하다.

무기력

'사람이 언제 제일 위험한 상태인지 아니?
아무 감정도 없고, 좋아하는 것도 없고, 희망이 없을 때야.'

정말 맞는 말이라고 생각하며 의자에 늘어져 있는 나였다. 글을 쓰고, 강의를 하는 내내 우울하고 무기력했다. 그러다 어느새 우울이라는 감정도 사라져 버리고 무기력증만 남았다. 분노도, 슬픔도 마음이 식어버리면 사라져 버린다. 무력하게 끌려다닐 뿐.

어느 날부터 좋아하던 노래가 귀에 들어오지 않았다. 맛있던 커피가 아무 맛도 없었고, 내 주변 사람들에게 아무 감정이 들지 않는다. 아침이 와도, 어제의 밤과 다르지 않았다.

무기력한 나날 속에서도 내가 할 수 있는 것들이 있다.
일상생활에서 뭐든 하루에 한 개만 하는 거다.
오늘은 빨래, 내일은 방 청소, 그다음 날은 책상 정리 같은 거.

물론, 밥도 꼭꼭 챙겨 먹어야 한다. 간장 계란밥은 무기력할 때 자주 해 먹는 음식이다. 간단한데 맛도 있으니.

때론 우울로 인해 눈물이 폭발적으로 솟구치면 울면서 먹기도 한다. 그런 재미없는 일상에서 서서히 나의 무기력은 잦아든다.

나는 내가 게으르면서도 부지런한 하루를 보냈다.
오늘의 할 일 하나를 해냈으니.
칭찬해도 좋다.

이 무기력의 날들을 견디려면
얼마나 큰 힘을 쏟아야 하는 것인지.
울면서도 일을 하러 가고, 눕다가도 일어나고.
그렇게 다음 하루로 넘어가는 일이 얼마나 대단한지,
내가 나를 알아주지 않으면 누가 날 알아주겠냐 말이다.

다소 느리고 엉망진창, 완벽하지 않은 하루다.
그래도, 뭐랄까. 꽤 멋지다.
그렇다고 생각하자.

달고나

너는 그랬어. 일을 하고 있다가도 왜인지 더 못 움직일 것 같다고. 온몸에 납을 달아놓은 것처럼 무거워지는 순간이 자주 찾아온다고. 숨이 진득해지고, 혀가 굳어버린 듯 말이 점점 사라지는 그런 순간이 있다고. 어떠한 예고도 없이, 부풀어 오른 우울이 널 벼랑으로 밀어낼 때면 난 가방 속을 더듬었어.

작고 투명한 지퍼백.
그 안에 갈색 설탕이 약간 부스러진
딱딱하게 굳은 달고나 한 조각.
미세하게 쩍쩍 갈라진 결.
표면의 공기 방울이 만든 불완전한 무늬들.

한 입.
입천장에 달라붙어 녹아내리고 서걱서걱 부서지는 촉감.
혀의 세포를 통해 들어오는 찌릿한 단맛이 돌면 넌 눈을 크게 뜨곤 했어.

인생이라는 거대한 녀석이 네 어깨에 올려놓은 짐을
한낱 타인인 내가 다 해결할 수는 없겠지.
삶에는 이런 저런 사정이라는 것이 존재하니까.
다행히, 너무나 감사하게도
어떤 우울은 달고나 몇 조각으로 녹일 수 있잖아.

내가 네 곁에서 너의 아픔을 조금이라도 녹일 수 있어서 얼마나 다행인지 몰라. 마음을 건네는 일이 때로는 이렇게 작고 달콤할 줄은 몰랐지. 뜨거운 설탕이 눌리고 식으면서 만들어지는 조각처럼, 우리의 하루도 그렇게 조금씩 굳고 단단해질거야.

슬픔의 파도에 매번 휩쓸리지 않도록
작은 파도 정도는 입안의 단맛 하나로 견딜 수 있도록,

너무 깊이 가라앉지 말라고
내가 네게 띄워주는 작고 연한 구명조끼 하나.

언제든 말해.
힘이 들 땐 달고나를 줄게.

무소의 뿔

중학생 때 도서관 한쪽을 걷다가 지나치며 본 책의 제목이 아직도 생각난다.

〈무소의 뿔처럼 혼자서 가라〉

그때는 무슨 뜻인지도 모르고, '제목이 참 특이하네. 뿔이 어떻게 간다는 거지.'라며 책장을 훑고 지나쳤다. 그렇게 지나갔던 그 책의 제목처럼 시간이 흐른 지금, 내가 그러고 있다.

무소는 없을 무(無)의 '소가 아니다, 소가 없다'라는 뜻이 아니다. 뿔이 하나인 외뿔의 코뿔소를 의미하는 말이다.

숫타니파타라는 초기 불교 경전에서 '무소의 뿔처럼 혼자서 가라'라는 말을 찾아볼 수 있다. 여러 가지로 해석할 수 있겠지만, 기본적으로는 뿔 하나로 꿋꿋이 다른 것에 휘둘리지 않고 홀로 걸어가라는 의미이다.

내면에서 올라오는 외로움과 두려움 속에서도
흔들림 없는 중심을 지키며 홀로 나아가야 한다는 뜻이다.

우리는 누구의 박수도 없는, 조용한 싸움의 시간을 삶에서 필히 보내게 된다. 혼자 마주하지 않은 두려움은 결코 사라지지 않는다. 그 누구도 나의 두려움에 대신 맞서 싸워 줄 수 없다.

나의 것이 아닌 타인의 손으로 만들어진 화려한 영광은 금세 부서져 버린다는 것을 우리는 이전의 여러 역사에서 배웠다.

그래서 때로 우리는 기꺼이 혼자가 되어야 한다.
무소의 뿔처럼 묵묵히 걸어가야 한다.

아무도 없는 길 위에 남겨진 내 발자국을 바라보며 문득 그런 생각이 든다. 이 길 끝 어딘가에서 혹은 한참 뒤에서, 누군가는 묵묵히 나처럼 걷고 있지 않을까.

그 누군가가 너일지도 모른다는 생각을 해본다. 우리가 걷다가 또 다른 무소의 뿔을 만난다면 그땐 서로에게 진심으로 웃어 보일 수 있을 거다.

결국 사람

우울을 깊고 오래 앓는 친구가 있었다. 그녀는 자신을 혐오했고, 사람을 혐오했다. 그녀는 강아지를 쓰다듬으면서 말했다.
"우울증에 걸리고 나서 사람이 너무 싫어졌어."
그럴 수 있다고 생각했다.

사람은 사람을 낫게도 하지만,
사람은 사람을 아프게도 하니까.

사람은 아프면 아프다고 말하고 싶어진다.
아픔을 위로받고 싶은 것은 인간의 본능이다.
그러나 모든 아픔이 위로받는 것은 아니다.

"왜 이렇게 부정적이야. 운동을 해."
"너만 힘든 거 아니잖아. 사람들 다 힘들어. 그래도 살잖아. 너만 유난 떤다고 생각한 적 없어?"
"약을 먹어. 병원을 가."

다른 병을 가지고 오래 아프면, 사람들은 안타까워하며 위로의 마음을 표한다. 그런데 유독 정신과 관련한 병을 가지고 힘들어하면 사람들은 더 못되게 군다.

우울이 길어질수록
냉정한 말을 들을 확률은 올라간다.

친구는 한동안 강아지랑 대화하며 강아지랑만 지냈다.
사람은 자신의 삶에서 지워버린 것 같았다.
몇 년이 지나, 결국 친구는 사람으로 자신을 치유하고 밝아진 모습으로 나를 만나러 왔다. 친구의 얼굴을 보니, 예전의 아픔까지도 다 위로받은 것 같았다.

정말 다행이다.
결국 사람은 사람이 치유하는 거겠지.
우린 다른 사람이 없으면 살 수 없을 거야.

나는 진심으로 기도한다.
우리가 우리를 치유하는 나날을 살아갈 수 있길.

머리카락보다 마음이 상했겠지

동생은 중학교 2학년이 되던 해, 집을 나갔다. 어쩌다 어른들이 찾아내서 데리고 와도 다시 나가버렸다. 충분히 이해는 갔지만 동생의 빈자리를 오롯이 감당하기엔 나도 이해보다 원망이 클 나이였다. 동생과 나는 10대의 남은 시간을 다른 곳에서, 다른 걸 보며, 다르게 살았다.

어른이 되어 만난 동생의 외형은 집안 어른들이 싫어하는 모든 것을 담고 있었다. 염색한 머리, 온몸의 문신, 발찌 등등. 다른 이들의 시선을 걱정하는 어른들은 동생의 존재를 부끄러워했다. 동생을 보는 어른들의 눈길과 말투에서 그 마음이 충분히 묻어났다.

그런 걸 알았는지 동생은 가끔 집에 올 때면 머리를 까맣게 염색하고 왔다. 염색을 해본 사람들은 알겠지만, 까맣게 머리를 염색하면 다시 다른 색으로 바꾸기도 어렵고 머릿결도 푸석푸석해진다. 동생은 그런 귀찮음을 감수하고서라도 굳이 염색하고 집에 와 어른들의 얼굴을 보고 갔다.

"걔는 오라고 한 것도 아닌데 왜 자꾸 오는 거야."

동생이 머리를 염색하고 안하고는 관계가 없는 것이었는지, 가끔 집안에서는 동생을 향한 불만이 들렸다. 그게 나를 속상하게 했다. 때로는 매우 언짢은 나머지, 동생이 가족 따위는 그냥 잊었으면 좋겠다고도 생각했다. 날 잊어도 좋으니 말이다.

어른들은 널 있는 그대로 사랑하지 않는데 넌 왜 자꾸 노력하는 거야? 너의 이해를, 마음을 이렇게 낭비하는 게 나는 싫어.

어떤 조건도 없이, 그저
너 잘하고 있어. 괜찮아. 그랬구나.
힘들었구나. 언제든지 와도 돼.
네가 어떤 모습이어도 너를 사랑한단다.

이런 말을 해주는 가족이 부재한 채로,
몸만 자란 아이를 보는 내 마음이 쓰렸다.

동생아. 다음 생이라는 것이 있다면,
그땐 우리 다정하게 대해주는 가족과 살자.
그리고 그때도 난 네가 내 동생이었으면 좋겠어.

불완전한 어른

머리는 띵하고 이제 배가 고프기 시작했다. 평소라면 집에 갔겠지만, 남용된 알코올로 이성적인 판단이 불가했다. 결국 친구와 나는 국밥집에 앉았다.

"이레야, 나 결혼은 가능할까?"
친구가 말했다. 친구는 연애를 자주 했다. 자주 했다는 말은 만나는 사람이 자주 바뀌었다는 뜻이다.

그런 친구 입에서 결혼이라는 말이 처음 나왔다.
"오, 술을 4차까지 달려야 속마음이 나오는 건가? 쉽지 않네."
술기운이 오른 나는 너스레를 떨었다.

"처음에 만나면 적당히 좋단 말이야. 그리고 연애하다보면 점점 좋아지잖아. 그러면 무서워져.
'나중에 헤어질 때 어떡하지?' 엄청 충격이 클 거 아니야."

"뭐, 근데 보통 헤어질 걸 생각하고 만나진 않잖아."
"무슨 소리야, 이레야. 모든 만남은 끝이 있는데!
결혼이냐, 아니면 헤어지느냐, 이거 둘 중 하나인데.
 난 결혼할 자신도 없고, 완전 진하게 사랑할 자신도 없어.
헤어지면 얼마나 힘들겠냐고. 너 내 첫 연애 기억나?"
"어, 완전 기억남. 너 남친이랑 헤어지고 제정신 아니었지."
"그런 이별을 어떻게 또 하냐고! 그때부턴가?
연애하다가 좀만 좋아지면 좋으면서 겁이 나."

나는 뜨겁지도, 차갑지도 않은 국물을 먹으며
 불완전한 어른의 사랑이란 이런 온도일지도
모른다는 생각이 들었다.

서로를 뜨겁게 끌어안고 싶지만,
다치기 싫어서 끝까지 온도를 올리지 못하는 사랑.

 누군가를 완전히 품어줄 자신은 없지만, 그래도 마음 한켠에서 내 품에 들어올 누군가를 그리워하는 우리들. 외롭지 않으면 사람은 왜 만나겠느냐는 친구의 말이 머릿속에 빙빙 도는 밤이었다.

두려움과 설렘 사이

나이가 들수록 무언가를 새롭게 시작하려 하면, 어릴 때보다 더 큰 용기가 필요하다. 예전엔 설레는 게 먼저였는데 지금은 실패가 두렵고 사람들의 말이 아프다.

"그게 돈이 되겠어?"

"지금 와서 그런 걸 왜 해?"

묵직한 말들이 마음에 얹혔다. 하지만 정말 이대로 평생을 살고 싶냐는 물음엔 선뜻 고개를 끄덕일 수 없었다.

그래서 시작했다.

딱 1년만 해보자고 스스로와 약속하며.

누구에게 보여주지도 않고 혼자 그렇게 시작했다.

책을 제일 좋아했던 나는 1인 출판사를 열었다. 나만의 작업실이랄 것도 없었다. 거실 한쪽을 내 작업실로 지정했다. 벽에는 가느다란 책장이 기대어 있었고, 책장에는 오래전부터 모아온 책들이 삐뚤삐뚤 꽂혀 있었다. 그 앞에 좀 커다란 책상이 하나, 그리고 여기저기 끌고 다닐 수 있는 의자 하나. 모든 것이 엉성했지만, 내가 좋아하는 무언가를 하고 있다는 것은 충분한 만족감을 주었다.

 걱정이 없었던 것은 아니다. '망하면 어떡하지, 잘 안되면 어떡하지, 실패하면 어떡하지.'라는 생각에 하루에도 몇 번씩 키보드 위에 손을 올렸다가 내렸다. 시작했다는 것은, 두려움과 설렘 사이를 수없이 왔다 갔다 해야 한다는 걸 의미했다.

 '1년만 해보기로 했잖아.'
 끝이 있다는 것은 묘하게 자신감을 준다.

 두려움과 설렘은 항상 같이 다닌다.
 겁이 나도 가보는 마음이 설렘이고
 설레도 멈추는 마음이 두려움이다.

 때로는 두려움이 앞섰고, 때로는 설렘이 앞서기도 했다.
 두 감정은 번갈아 내 등을 앞으로 밀어내고 있었다.

 두려움과 설렘은 결국 한 끗 차이다.
 그 한 끗을 넘는 순간, 인생이 달라질거라고 믿는다.

선형의 시대를 지나며

20대 초반, 주식 투자를 공부하면서 알게 된 친구가 있었다. 당시에는 주식 투자가 20대 사이에서는 활발하지 않던 시기라 우리는 서로의 관심사를 보고 놀랄 수밖에 없었다. 서로 빠르게 친해졌고, 우리는 밤늦게 카페에 앉아 기업의 재무제표를 보며 "야, 우리 꼭 부자 되자."하고 웃었다.

친구는 자신의 원하던 대학에 입학하지 못하면서부터 남들보다 뒤처졌고, 입시에서 실패했다고 생각했다. 특정 대학 이상을 가야만 자신의 삶이 바뀔 거라며 조급해했다. 선형적인 삶의 기준에서 그는 남들보다 뒤에서 뛰고 있는 셈이었다.

선형적인 삶이란, 앞이 있고, 뒤가 있고, 인생에는 루트가 있다고 믿는 방식이다. 초등학교, 중학교, 고등학교, 대학교, 취업, 결혼, 출산. 한 칸만 비틀려도 금세 불안해지는 구조다.

세상은 모두가 같은 속도로, 같은 방향으로 걷기를 바란다.
모든 인생이 출발선과 결승점을 공유해야 하는 것처럼.

거의 10년이 훨씬 지나 친구와 연락이 닿았다. 아내와 아이 둘과 함께하는 친구는 전보다는 여유로워진 모습으로 말했다.

"지나간 시간을 보면 조금 후회돼. 그렇게 조급해하며 살지 말 걸. 그 순간을 더 즐길 걸 그랬어."

사람의 성장은 한 줄의 그래프가 아니라 수없이 이어지는 곡선의 집합인데, 어떻게 모두가 같은 곳으로, 같은 발걸음으로 갈 수 있을까. 누구는 자퇴하고, 누구는 갑자기 전공을 바꾸고, 누구는 이혼하고, 누구는 갑자기 비혼주의자가 된다. 누구는 직업을 바꾸고, 누구는 갑자기 떠나기도 한다.

그냥 삶이 그런 거다.
전혀 예상치 못한 방향으로 흘러가는,
결코 완벽한 직선이 될 수 없는.

모든 삶은 가까이서 보면 곡선이다.
그러니까 지금 곡선의 삶을 살고 있다고 걱정할 필요는 없다.
우린 모두 저마다의 곡선을 그리고 있을 뿐이다.
그대의 인생도 유려한 직선이자 곡선이다.

새벽

술친구는 많은 편이었다.
외로워서, 텅 빈 시간을 견디기 어려워서
사람들을 곁에 두면 덜 쓸쓸할 줄 알았다.

알코올과 함께 곧 사람들도 제 갈 길로 흩어졌다.
다음 날 남는 건 알 수 없는 허무와
관자놀이를 깊게 찌르는 숙취뿐이었다.
달이 차고 기울고, 다시 차고 기우는 걸 보며
시간이 지나면 얼굴조차 기억하지 못할 이들과 함께했다.

이제 그들 중에 진짜 친구라 부를 만한
이들은 얼마 남지 않았다.
술이 목적이었던 사람들은 술이 없으니 사라졌다.
남아 있는 이들과 떠난 이들의 차이는
사람이 우선이었냐, 술이 우선이었느냐 일 거다.

침대에 누워 창으로 들어온 새벽이 방 안을 채우는 것을 보는데, 어릴 적 선생님이 했던 말이 불쑥 떠오른다.

"인생은 어차피 혼자다.
정말 누군가를 곁에 두고 싶다면
그 사람에게 내가 바라는 만큼의
내가 되어 있어야 한다."

아, 그렇구나.
선생님의 나이가 되어서야 그때의 말이 와닿는다.

혼자의 자리에서
누군가를 온전히 맞이한다는 것은
그만큼의 외로움의 시간을
견딜 수 있는 사람이어야 한다는 것을.

선생님은 말하고 싶었겠지.
혼자라는 진실을 받아들이면서도
함께하려는 마음을 놓지 않는 그런 내가 되라고.
외로움을 품고 있으면서도 휩쓸리지 않고
누군가를 따뜻하게 바라보는 그런 어른이 되라고.

사랑해

할머니가 키우던 강아지한테 '사랑해'라고 했다. 단 한 번도 본 적 없는 광경. 우리 가족 구성원 중 누군가가 무언가에 '사랑해'라고 했다. 기분이 이상했다. 뜨악하다는 표현은 이럴 때 쓰라고 있는 게 분명했다.

사랑해? 사랑?
내 어린 시절의 기억을 더듬어봤다. 그 안에 사랑이라고 부를 게 있었나? 가족끼리 사랑한다는 말은 당연히 하지 않았고, 나는 맞지 않으면 다행이구나, 하는 날을 살았다.
어른이 된 나는 '사랑'이라는 걸 정확히는 모르지만, 어렴풋이 누구를 좋아하는 감정이겠거니 추측할 뿐이었다.

누군가 '아빠, 사랑해요.' '엄마, 사랑해요.' '자기야, 사랑해,'를 말하는 것을 보면 궁금했다. 어떤 감정을 느끼기에 사랑한다고 하는 것일까. 많이 좋아한다는 건가?
마치 내가 케이크를 많이 좋아하는 것처럼.

언젠가 누군가 내게 그랬다.

"너는 날 사랑하는 게 맞긴 해? 왜 사랑한다고 하지 않아?"

뭐라고 말을 바로 할 수가 없어서 입을 열었다가 그냥 닫았다.

뭐라고 해야 할까.

사랑이라는 감정을 배워본 적이 없어. 사랑이 뭔지 모르겠어.

오만가지 생각이 다 스쳐 지나갔지만 정작 내 입에서는

"미안해."가 나왔고, 결국 그와 나는 오래가지 못했다.

할머니가 강아지에게 사랑한다고 했던 건, 마음의 자리를 잘 몰랐던 사람의 늦은 고백이었을 거다. 입 밖에 꺼내지 못했던 말이 작은 생명을 보고서야 처음 흘러나왔겠지. 아쉽지는 않다.

지금이라도 사랑한다고 말할 수 있게 됐으니 그걸로 된 거지.

아직도 나는 '사랑해'를 잘 모르는 것 같다.

여전히 나는 누군가에게 '사랑해'를 말할 때 어색하다.

만약 내가 정말 운이 좋다면

언젠가는 절절하고 애틋하게

'사랑해'를 말하게 될 수 있을지도 모르겠다.

아무것

우리는 모두 어떤 것이 되고 싶어 해.
노력하고, 매달리고, 집착하고.
누군가는 멋진 직업을
누군가는 인정받는 자리를
누군가는 사랑받는 사람을 꿈꾸잖아.

삶이라는 길 위에서
우리는 내가 아닌 나를 만들어 가.
비슷한 사람들 사이에서
같은 방향을 바라보며 같아지려고 해.

아이러니하게도
그토록 원하던 어떤 것의 경지에 다다른 이는
아무것이 아니어도 되는 자유를 갈망해.

그곳은 온전한 자신만의 세계.

누구의 기대도, 시선도, 평가도 닿지 않는 곳.

더 이상 되어야 할 무언가가 아닌,

이미 존재하는 그대로의 나로 살아도 괜찮은 세계.

이름도 직함도 없는

빛날 필요도 없고, 증명할 필요도 없는 곳.

잠을 자고, 일어나고, 오늘을 사는 그 자체로 충분한.

우리가 그토록 되고 싶었던 무언가는

아무것이 아니어도 괜찮은 상태일 거야.

세상은 늘 우리에게 끊임없이

'무언가가 되어야 한다'라고 말하지만

삶의 진짜 목적은

더 이상 무언가가 되어야 하지 않아도 되는 그 지점

그곳을 찾아가는 것일 거야.

나도, 너도 결국은

아무것도 아니어도 되는

자유를 찾아가는 중인 거야.

우리가 늙지 않는다면

친구에게 책을 추천받아 읽었다. 주된 내용은 노화를 늦추고, 궁극적으로는 인간을 지금보다 더 오래 살 수 있게 만들자는 내용이었다. 읽으면서 또 생각이 마구잡이로 떠올랐다.

아, 사람들은 오래 살고 싶어 하는구나.
얼마나 행복하기에 오래 살고 싶어 하는 걸까.
사는 게 늘 벅차고 하루하루 버티는 것조차
힘들 때가 많은데 오래 사는 게 정말로 축복일까?
누군가에게는 시간이 늘어나는 것이 선물일지 모르지만
또 누군가에게는 형벌처럼 느껴질 수도 있지 않을까.

노화하지 않는다는 단순한 변화 하나로 인간이 큰 행복을 느끼지는 못할 거다. 우리는 늘 시간 탓을 하지만, 사실 우리를 늙게 하는 건 세월이 아니라, 그 세월을 견디는 동안 쌓인 마음의 무게이다. 우리의 시간이 멈춘다고 해서 잃어버린 관계가 돌아오는 것도 아니고, 허무한 삶이 채워지는 것도 아니다.

만약 모든 인간이 늙지 않는다면, 사랑의 끝은 어떻게 될까?
작별은 여전히 아플까 아니면 무의미해질까.
끝이 없는 시간 속에서 사람들은 서로를 그리워할 수 있을까?
사랑을 고백하거나, 미뤄둔 꿈을 꺼낼 이유도 없어지겠지.

우리는 무한한 삶을 동경하지만, 결국 유한한 존재다.
시간에 끝이 있기 때문에 우리는 매 순간을 붙잡는다.
만약 끝이 없다면, 아무것도 절실하지 않을 것이다.
내일이, 다음 달이, 내년이 언제나 주어진다면
우리에게 오늘은 지금처럼 소중하지 않을 것이다.

우리가 지금을 사랑하는 이유는
이 순간이 다시는 돌아오지 않기 때문이다.
너라는 사람과의 마주함도 다시는 돌아오지 않을 것이고
무언가를 하고 싶다는 마음, 떨리는 마음도
다시는 같은 형태로 오지는 않을 것이다.

오래 사는 것보다 중요한 건
얼마나 충만하게 사는가
어떻게 살아내는가가 아닐까 싶다.

인연

사람이 태어난다는 건 확률적으로 생각해 보면, 우리가 얼마나 놀라운 존재인지 알 수 있다. 우리의 부모님이 서로 만날 확률과 적절한 시기에 우리를 가졌다는 것 등등, 여러 가지 상황을 다 고려해 보면, 사람이 태어날 확률은 거의 0이나 다름없다.

그러니까 우리는 거의 불가능에 가까운 우연의 결과이다.

82억 명의 전 세계 인구 중 한국에서 태어날 확률과
약 5,100명의 한국인들 사이에서 서로가 만날 수 있는 확률.
그 역시 거의 0에 가깝다.
그렇게 보면 우리가 누군가를 만난다는 건 놀라운 일이다.

너와 내가 이렇게 만났다는 건
수억, 수천억의 선택과 우연이 겹쳐 만들어낸 결과이다.
시간의 흐름이 조금만 달라졌어도
너는 나를 몰랐을 것이고, 나는 너를 몰랐을 것이다.

그러니 우린 엄청난 인연인 거다.
그냥 지나치지 않고 서로를 알아보았다는 사실,
이 세상의 복잡한 확률 속에서
우리가 서로가 되었다는 사실.

기적이라고 부르기엔 너무 추상적이고
우연이라고 하기엔 너무 정확하다.

정말 인연이 있나 보다.
삶이 한 사람을 다른 사람에게 데려다주고,
또 누군가를 데려가기도 한다.

그렇지 않으면 우리의 만남은 설명할 수 없다.
우리는 이미 오래전부터 같은 길을 걷고 있었을지도 모른다.
서로를 향해 아주 느리게 다가가면서.

그렇게 수많은 변수가 겹치고 또 겹쳐
너와 내가 지금 여기 앉아 있다.
우린 정말로 인연이다.

지나고 보니

 초등학생 때 친구네 집에 찾아갔다. 친구의 아파트는 평범한 작은 아파트였을 뿐인데, 그때는 우리 집보다 친구네가 참 좋아 보였다. 집 크기를 알려주는 평수보단 젊은 엄마가 예쁘게 꾸민 집이라는 게 티가 나서, 그게 좋았다. 냄새도 좋았고, 귀여운 인형이 많은 것도, 레이스 달린 침대도 좋았다.

 벨을 누르자 친구 엄마가 문을 열었다. 나를 들여보내진 않고 문을 잡은 채 그 자리에 서서 나를 위아래로 훑으며 말했다.
 "너 엄마, 아빠 안 계시지. 앞으로 우리 애랑 앞집 지연이랑 놀려고 하지 마라. 찾아오지도 말고. 물들까 봐 무섭구나."
 닫히는 문틈 사이로 마지막 한 문장이 마음을 쑤셨다.
 "누가 그렇게 태어나래."
 시장에서 산, 색이 바랜 반팔, 반바지와 샌들이 별안간 부끄러워졌다. 얼떨떨하게 서 있는 내 행색이 그렇게 누추해 보일 수가 없었다. 귀가 빨개지고 발끝이 얼어붙었다. 손에서 식은땀이 올라왔다.

잘못이 없는 것 같았는데,
그냥 태어나보니 잘못이면
그건 어떻게 하면 좋으려나.

원통한 마음을 표현할 길이 없었다. 한창 더운 여름날, 숨이 넘어갈 듯 진을 빼며 우는 것이 최선이었다. 그날 이후, '누가 그렇게 태어나래'라고 말하는 사람은 아무도 없었지만 한 번씩 잊을만하면 그 말이 떠올랐다.

그때 친구 엄마에게 예의 없어 보여도,
'어쩌라고요, 아줌마. 그냥 내가 이렇게 태어난 건데. 아줌마나 그렇게 살지 마요.'라고 한마디 해 줄 걸 그랬다는 생각이 들었다.
뭐, 지나고 보니 별거 아니다. 그냥 몹쓸 어른도 있는 거고, 좋은 어른도 있는 거고. 다 그런 거다. 문 앞에서 상처받았던 아이는 커서, 꽤 성깔 있는, 할 말은 하고 사는 어른이 되었다.

피식, 웃음이 난다.
정말이지-
다 지나고 보니 인생은 희극이다.

그럴 수도 있지

내가 나에게는 절대 하지 않지만
타인에게는 습관적으로 하는 말이 있다.

"그럴 수도 있지."

시시콜콜 따지기에는 피곤하다. 그러면 저 말이 최고다.
이해하고 넘어가는 거다. 싸울 일도 없다.

"그럴 수도 있지. 피곤했겠지."
"그럴 수도 있지. 정신이 없었나 보네."

나는 남들에게는 너그러운 편이다. 누군가 울면 이해하고 누군가 도망치면 다 그럴만한 이유가 있을 거라고 생각한다.
그런데 정작 내가 나를 향해 그 말을 꺼내려 하면 목이 턱 막히고 짜증이 치민다. 어쩌다 늦잠을 자도, 마음이 흐트러져도, 계획대로 되지 않아도 나에게는 가차 없는 편이다.

"왜 또 그 모양이야."
"변명하지 마. 그냥 게으른 거잖아."

 난 내가 완벽해야 타인의 허물도 너그러이 감싸줄 수 있다고 믿었다. 그래서 더 조이고 밀어붙였다. 넘어지면 벌을 주고 울면 다그쳤다. 그게 성실이라고, 책임이라고 착각했다.

 흠 없는 사람이 되면
 흠 있는 사람을 품을 수 있을 줄 알았다.

 실수한 날도, 무기력한 날도, 그냥 좀 지쳤을 뿐이었는데.
 게으른 게 아니라 그날은 정말로 쉬고 싶었던 거였는데.
 그때 그럴 수도 있다고 한마디만 했었어도
 내 마음은 덜 다치지 않았을까.

 다른 사람들을 위로할 때처럼 나를 위로하는 데에도 기술이 필요하다. 나는 요즘 하나씩 배워가는 중이다.

 언젠가는 나에게도
 기꺼이 건넬 수 있기를.
 "그래, 이레야. 그럴 수도 있지."

찰나

너와 나는 겹치는 게 거의 없었어.
겨우 한 조각이 맞닿은 정도.
나는 뜨거운 여름 같은 마음으로.
너는 선선한 가을 같은 속도로.

서로의 계절은 어긋나 있었어.
나는 쉽게 타오르고, 쉽게 식었어.
너는 오래 머물고, 천천히 물들었지.

그러다 아주 잠깐
우리가 마주친 순간이 있었지.
그때 우린 겹쳐진 거야.

짧고도 선명한 한 시절.
바람이 부드럽게 우리 사이에 들어오고
우리의 그림자가 나란히 겹쳤던 날들.

함께 노래를 듣고 흥얼거리며
은은하게 내리는 별빛 아래를 걷고
서로를 나누며 미래를 그리던 시간.

너의 손등이 내 손을 덮고
동시에 하늘을 올려다보고
찰나의 눈빛이 서로에게 정확히 닿았을 때
그건 우리의 교집합이었겠지.

사랑은 겹쳐 있는 면적보다
겹쳐있는 순간이 더 중요한 거야.

그 몇 초
그 몇 마디
그 몇 번의 겹침이
우리를 사랑하게 만든 거야.

이젠 네가 어디 있는지 모르지만,
여름 해가 살짝 기울어지는 계절이 오면
난 우리의 같았던 순간을 기억해.
짧았지만, 사라지지는 않을.

배려

 백화점 문을 열고 나가는 데 뒤에 아저씨 한 분이 따라오고 계셨다. 그 뒤에는 내 친구가 있었다. 나는 문을 여는 순간, 내가 문을 놓으면 반동으로 아저씨에게 닿을 수도 있겠다는 생각했다. 물론 백화점 문은 그렇게 설계되지 않았겠지만.

 나는 잠시 몸을 돌려 아저씨를 위해 문을 잡아 주었다.
 아저씨가 나를 의아하게 쳐다보시더니 "어…어어…고마워요." 라고 하시면서 지나갔다. 예상치 못한 친절을 마주한 사람 특유의 어색함이 느껴졌다. 보통 아저씨들에게는 문을 잡아주지 않아서 그런건지, 아니면 내가 여자여서 그런건지 알 수는 없었지만,
 고맙다고 하시는 모습에 기분이 좋아졌다.

 아저씨 뒤에 따라온 친구가 내게 말했다.
 "너 문 왜 잡고 있었어? 남자한테 문을 잡아주냐."
 "아저씨한테 문이 부딪힐까봐. 어차피 너도 뒤에 있었으니까."
 친구는 잠시 생각하더니 말했다.

"이레야, 배려도 지능인거 알아?"

"이거 그냥 하는 건데?"

"그러니까, 머리가 나쁜 사람은 애초에 다른 사람이 불편하겠지, 라는 것을 생각하지 않아. 계산이 거기까지 안 서는 거지.

그래서 배려를 하고 싶어도 잘 못해. 자기도 모르게 무례해지는 거지. 배려가 얼마나 고도의 계산인데. 배려를 잘 하는 사람은 머리가 똑똑한 사람이야."

"오, 칭찬해주는 거야?"

"응. 이제 이레가 밥 사자."

"?"

친구와 소소한 대화를 한 후 ,
내 주변에 배려심이 많은 사람을 떠올려봤다.
확실히 그는 다른 사람을 불편하게 하지 않았다.
그와 있는 시간이 편했던 이유는
그가 항상 나를 배려해왔기 때문이었다.

그러니까,
누군가와 함께 있는 시간이 매우 편하다면
상대가 내 마음을 헤아리고 있다는 뜻이다.

미완성

"이레야, 너의 첫사랑은 누구야?"

이런 질문은 참 어렵다. 어떤 한 사람으로 쉽게 대답할 수 있는 것도 아니고, 정의를 명확히 내리기도 어렵다.
스쳐 지나갔던 이들을 하나하나 살펴봤다. 영화를 누군가와 함께 봤던 것 같고, 서툴게 안았던 순간이 있었던 것 같은데. 밤새 문자를 누구와 주고받았더라. 역시 밋밋하게 지나갈 뿐이다.
그때의 마음이 무엇이었는지 아직도 정의하지 못했다.

플라톤은 사랑이 결핍에서 비롯된 것이라고 했다.
나에 대한 사랑조차 결핍된 나는, 내 마음에 다가가지 못한 거리만큼 불안정하게 요동치는 가슴을 안고 있었다.

그래서 말하기 참 어려운 것 같다.
첫사랑이 무엇인지.

어설프게 손을 잡고 밤거리를 걸으며 느꼈던
나의 알쏭달쏭한 감정이 사랑이었는지.
술을 마시고 비틀대며 찾아온 너를 다시 집에 데려다주며
등을 두드려주던 시간이 사랑이었는지.

나는 과연, 사랑한 적이 있는 걸까.
그저 황량한 결핍을 달래려다
영원히 완성되지 않을 이야기를
혼자 만들고 있었던 것은 아닐까.

내 첫사랑은 아직도 미완성의 냄새가 난다.
끝까지 닿지 못한 마음
완전히 전하지 못한 감정
정의할 수도 없는 어떤 형태

묻고 싶어졌다.
누군가에게든.
정말로, 첫사랑이 무엇인지.

연대

쌀 한 톨이 아쉬웠던 때가 있었다. 그때 우리 집에 도움의 손길을 준 이들이 있었다. 이름도 모르고, 얼굴도 모르는 이들. 그들이 없었다면 내가 지금까지 살아있긴 했을까.

날 왜 도와주는 거지?
그들은 누구일까?
묻지 못한 질문들이 내게 남아있었다.

지금 와서 생각해 보면 그들은 모두 연대를 하는 사람들이었다. 연대라는 단어는 한자어 '잇닿을 연, 멜 대'에서 온 말이다. 서로 이어져 묶이고, 엮인다는 뜻이다. 내 삶은 이름 없는 수많은 끈과 보이지 않는 연결들로 이어져 있다.

우리가 살아가는 여러 이유 중 하나가 연대다. 인간은 지극히 개인적인 존재이지만, 동시에 강하게 타인의 고통에 공감하고 반응하는 존재기도 하다. 누군가의 울음소리가 들리면, 내 안에서도 울음소리가 울리는 것이 인간이다.

"너의 싸움은 나와 무관하지 않다."

이 한마디가 연대의 본질을 보여준다. 나의 기쁨이 너의 기쁨으로 되고, 너의 눈물이 나의 눈물로 스며드는 순간, 우리는 서로의 인간성을 확인할 수 있다. 단 한 줄의 위로 "괜찮아요, 저도 그랬어요. 당신도 일어날 수 있어요."라는 말 한마디.
다정한 마음. 사람을 살리는 마음.

우리가 연대를 할 수 있다는 건 우리가 사람으로 남아있다는 증거다. 타인의 고통에 귀 기울일 수 있고, 낯선 이의 상처에 울컥한다는 건, 아직 마음의 잃지 않았다는 뜻이다. 아무리 이 세상이 각박해져도 우리가 살 수 있는 이유가 여기에 있다.

누군가의 도움으로 살아남았던 그 시간이
나를 다시 누군가의 곁으로 이끌었다는 걸
나는 잘 알고 있다.

나는 나와 무관하지 않은 싸움에 발을 들이고
누군가의 눈물이 외롭지 않도록 그들의 옆에 서고 싶다.
대단하지 않은 그런 나라도 연대라는 것을 하려 한다.
그렇게 우리는 연결 될 것이다.

개화

비교는 인간의 본능이지만, 매우 성가시다. 유독 나는 그랬다. 누군가는 벌써 피어서 화사한데 나는 아직 봉오리였다. 아니, 애초에 내 봉오리가 꽃인지조차 의심스러웠다.

"나만 못하고 있는 건가."

어느 날엔가, 유독 힘든 날이었다. 학부모의 불만 전화, 선배의 지적, 나에 대한 깊은 실망. 그게 한꺼번에 터졌다. 울고 싶었다. 내게 동료 선생님 한 분이 작은 샌드위치를 들고 와 건네주었다. 심하게 풀이 죽은 나는 다른 선생님들과 나를 비교하며,
나의 못난 점을 하나하나 집어내어 비난했다.
나는 나의 단점을 지적하는 데에 천부적인 재능이 있었다.

"선생님, 모든 꽃이 봄에 피는 건 아니에요."
선생님이 내 말을 끊으며 말했다. 그 말이 맞았다.

그 말이 맞는데, 받아들이기까지는 오래 걸렸다.
나의 단점만 보이고, 남들의 장점만 보였으니까.
지금에서야, 모두 편하게 말할 수 있게 되었다.

모든 꽃이 봄에 피는 것은 아니다.
어떤 꽃은 늦게 피어서 더 짙은 향을 남기고
어떤 꽃은 한겨울의 찬바람 속에서도
눈발에 젖은 몸으로 꿋꿋이 피어난다.

누군가의 봉오리가 빨리 터졌다고 해서
내 봉오리가 무가치하거나 모자란 것은 아니다.

햇빛이 다다르는 각도도
바람이 머무는 시간도 다 다르기에
우리의 피어남도 다를 뿐이다.

그러니까 괜찮다.
각자의 계절이 오면
우린 각자의 색으로 필 것이다.

넓어지는 세계

고등학교 때, 희망 진로를 적는 칸에 '버섯 농부'라고 썼다.

선생님께 혼이 났다. "지금 장난하냐?"라며 화를 내셨지만, 나는 나름 진지했다. 딱히 하고 싶은 게 없었다. 유일하게 좋아하는 글쓰기는 돈이 안 된다는 말에 진로에 넣을 수조차 없었다.

마침, 다이어트 열풍이니 칼로리 낮은 버섯이 많이 팔리고 돈은 좀 벌겠지, 라는 1차원적 생각으로 선택한 것이 버섯을 키우는 농부였다. 지금 와서 나를 보니 좀 멍청했구나, 하는 생각이 든다.

공부를 잘했으면 좋았겠지만, 공부를 못했던 나는 학년이 올라갈수록 좁아지는 선택지를 마주해야 했다. 어른들과 대화를 해도 "돈 많이 버는 직업."이라는 결론에 다다랐다.

그게 됐으면, 고민하고 있지도 않을 텐데 말이다. 아무도 내 진로에 진심으로 관심을 두지 않았다. 나도 끝내는 "어차피 돈만 벌면 되는 거 아니야?"라고 생각했다.

다소 무식한 방법을 택한 나는 일단 할 수 있는 일을 다 해보자고 생각했다. 막노동 현장직부터 영어 강사까지 무작정 덤볐다.

일단 다짜고짜 찾아가서 "시켜만 주시면 열심히 하겠습니다." 라고 말했다. 물론 요즘에는 이 방법이 통하기 어렵겠지만.

남들은 하나의 길을 정해 곧게 걸었지만, 나는 여러 길을 기웃거리며 헤매고 헤맸다. 나는 이제서야 좋아하는 것과 싫어하는 것, 참을 수 있는 것과 없는 것, 노력해서 되는 것과 되지 않는 것을 조금은 알게 되었다.

우리가 삶을 산다는 것은
타인을 밟고 올라가는 것만은 아닌,
자신만의 세계를 옆으로 넓혀가는 것일 거다.

나는 모든 경험이 연결되어 있다는 걸
시간이 지나면서 점점 느끼고 있다.
단지 살기 위해 덤볐던 일들이
나를 알기 위한 여정이 되어 내 세계를 넓혀주고 있다.

공백

 외국의 젊은 친구들은 대학에 들어가기 전이나 직장에 들어가기 전에 '갭이어(Gap Year)를 가진다. 갭이어는 1년쯤 학교와 일을 잠시 멈추고 여행하거나 봉사활동을 하며, 자신이 진짜 원하는 게 무엇인지 찾아보는 시간이다. 그들은 그 공백을 낭비라 부르지 않고 탐색의 시간이라 부른다.

 나는 갭이어는커녕 일을 하면서도 일을 찾고 있었다.
 '이제 뭘 하지? 빨리 뭐든 정해! 뭘 하고 살아야 할까?'
 대답을 기다리지 않은 채, 쉼 없이 머릿속을 두드리며 잠든 나를 깨웠다. 나는 두려웠다. 보이지 않는 미래가.

 일을 하면서도 내가 하는 일이 의심스러운 지경에 이르렀다.
 '지금 내가 하는 일이 알고 보면 공백이 되는 거 아니야?'
 누군가 "왜 아무것도 안 하셨어요?" "그때 뭐 했어요?"라고 물으면 내 게으름을 들켜버릴 것 같았다. 인생에 공백을 만들면 바로 낙오자가 되어 그 누구도 나와 함께 하지 않을 것 같았다.

갭이어 중이던 외국인 친구가 말했다.

"이레, 있잖아. 우리나라에서는 누가 1년쯤 쉬었다고 하면, '잘했네! 그만큼 네게 필요했던 거겠지'라고 말해. 근데 한국에서는 1년쯤 쉬었다고 하면 안 좋게 보는 거 같아."

"한국에서는 그걸 성실하지 못하다고 보기도 하거든."

내 답을 듣고 그는 잠시 생각하더니 말했다.

"그건 너무 슬픈 일이야.

가끔은 아무것도 안 하는 시간이

진짜 무언가가 되는 시간이거든."

인생의 공백을 가지는 것을 두려워해야 하는 현실이 씁쓸했다. 쉬면서도 쉬지 못하고 불안해하는 우리가 안타까웠다. 우리는 앞으로 달리기만 하고 정작 어디로 가야 하는지 모르는 게 아닐까?

이 세상에 의미 없는 공백이 있을까.

아무것도 하지 않는 시간에 있더라도

우리 자신은 아무것도 아닌 것이 아니다.

문을 지나온 너에게

때로 너의 삶이 절대 움직일 수 없는
거대한 바위같이 느껴지는 순간이 있을 거야.
아무리 힘을 줘도 밀리지 않고
오히려 네가 부서질 것 같은 그런 순간 말이야.

네 삶은 이미 정해진 길을 달리고 있고
이제 와서 방향을 바꾸는 것이
불가능할 것 같은 그런 순간이 찾아올 거야.

그때 꼭 기억했으면 해.
바뀔 수 없을 것 같은 네 삶은
타인의 시선이 만들어낸 착각일 뿐이란 걸.

남들이 정해놓은 정상이라는 기준에
너를 올려두지 않았으면 해.
그들의 길을 쫓아가느라 정작 네 길을 놓치지 않았으면 해.

늦었다는 것은
오로지 타인의 시선에만 존재해.

주위를 보면 서로가 서로에게 늦었다고 하는 걸 보게 돼.
"그 나이에 이제 시작한다고?"
"나이에 맞게 행동해야지."
서로 늦었다고, 서로가 서로를 깎아내려.

얼마나 잔인하니.
한 사람의 가능성을 시간으로만 가늠한다면
우린 모두 무능력해지는 일만 남은 거잖아.

삶은 단 한 순간도 정지해 있던 적이 없어.
우리의 하루는 여전히 흐르고 있고
네가 이 글을 읽는 순간에도, 네 마음은 움직이고 있어.

난 네가 시간이라는 틀에 너의 가능성을 죽이지 않았으면 해.
네가 어차피, 라는 말 뒤에 숨지 않았으면 해.
굳이, 라는 말 뒤에 웅크리지 않길 바라.

우는 방식

길을 지나가다 저 멀리 한 아이가 울고 있는 걸 봤다. 아이는 작은 손을 허공에 대고 마구 휘젓고 있었다.

"엄마! 엄마!"

뭔가 떼를 쓰는 것 같았다. 엄마는 잔뜩 짜증 난 표정으로 한걸음 떨어진 곳에서 아이를 쳐다보고 있었다. 한 손엔 장바구니, 다른 손엔 핸드폰. 아이는 세상 서럽게 울었다. 뭐가 그리 서러운지.

아이의 울음이 내 오래된 기억의 어딘가를 건드렸다.

집에 오는 길에 동생에게 전화를 걸었다.

"야, 너 울 때 뭐라고 하면서 울어?"

뜬금없는 전화에도 동생은 대답했다.

"몰라, 그냥 울지 않나?"

"내가 아까 보니까 어떤 애가 엄마- 하면서 울더라고.

나는 엄마- 하면서 운 적이 없는데.

그러고 보니까 사람들은 다 엄마- 하면서 우는 거 같더라."

"뭐, 우리는 엄마가 없으니까."

동생이 담담하게 말했다.
"그럼 넌 뭐라고 하면서 우는데?"
"음, 몰라. 그냥 막 짜증내는데?"

그럴듯하다. 동생이라면 짜증을 확 내면서 울 거 같긴 했다.
한 치의 거짓이 없는 아주 투명한 울음이겠지.

나는, 나는 어떻게 울었더라.
어차피 엄마- 하고 울어도
올 엄마가 없으니 그렇게 울진 않았던 것 같은데.

나는 그냥 아- 하면서 울었던 거 같은데.
정말 그냥 아- 하면서 울었는데.
어차피 칙칙한 공기만이 내 유일한 청자였으니까.

역시 그런 단어만으로 서러움을 폭발시키기엔
부족했었던 것이 분명하다.
그러니 내 안에 짙은 응어리가 남아있는 거겠지.

레드벨벳 케이크

 밝은 에너지를 가진 학생이 있었다. 고등학교 3학년 학생이었는데 고3 같지 않은 에너지를 가진 아이. 만날 때마다 오늘은 어떤 일이 있었는지 재잘대는 아이였다. 그 아이를 수업하는 날은 내 기분도 한층 올라가곤 했다.

 "선생님이랑 먹으려고 기다렸어요."
 학생은 빨간색 레드벨벳 케이크를 꺼내 왔다. 너무 먹고 싶어서 주문 제작까지 했다는데, 케이크를 기다리는 순간까지 얼마나 설렜는지 알 수 있었다. 아이의 몸짓에서, 표정에서, 말투에서 들뜬 설렘이 나에게로 고스란히 넘어왔다.
 달콤한 향이 공기 속에 퐁당 떨어졌다. 바닐라와 크림치즈 향이 섞여 코끝을 간질였다. 한입 베어 물자, 빨간색의 촉촉한 초코 시트 사이사이 발라진 크림치즈가 혀에서 스륵 녹았다. 달면서도 미세하게 짭짤한 맛이 매력적이었다.

 "와! 맛있다!"

순수한 행복.
순간을 온전히 즐기는 깨끗한 마음.

감정의 극치를 느끼고 있는 사람의 시간은 느리게 흐른다.
그 사람의 공간과 타인의 공간을 일부를 잘라놓은 것처럼.
무료한 감정으로 살아가는 나에게 이 아이와의 수업은 일시적으로나마 순간의 행복을 느끼는 경험을 하게 해주었다.

나는 가끔 세상이 칙칙하고 온통 회색으로 점철되기 시작하면, 레드벨벳 케이크를 사서 먹어본다. 천천히 입안에 케이크를 머금고 아이의 순수함과 함께 지금에 머물러본다.

눈앞에 일을 하면서도 마음이 다른 곳으로 도망칠 때, 케이크 한 조각을 앞에 두고 지금에 살아보려 한다. 빨강의 선명함이 눈에 들어오면서, 주위의 소음이 서서히 잦아든다.

나는 순간에 집중해 본다.
내 세상의 채도를 올리고
내 순간을 한껏 즐기기 위해서.

그날이 오면

생각이 없는 사람도 있다던데
그건 어떤 느낌일까.
비가 와도 머리는 맑고
흐린 날씨에도 마음은 흐리지 않은 상태이려나.

나는 장마철의 셀 수 없는
빗방울 개수만큼이나 생각이 많은데.
창문을 타고 흐르는 물방울을 눈으로 따라가다가
머릿속의 생각들이 묵직하게 나를 누른다.

어릴 때 했던 생각은 내가 어찌 할 수 없는
그런 부류의 고민이 대부분이었다.
답은 없지만, 끊임없이 생각하게 만드는 것들.
가족, 학교, 아르바이트 같은 것들.

그런 고민은 곱씹을수록 무(無)가 되었다.
무의미하고, 무색했다.
그저 시간을 죽이고 마음만 꺼지도록 했을 뿐이다.

한 달 전에 맹렬하게 했던 고민이
뭐였는지 기억이 나지 않는다.
뛰는 심장을 잡고 간절하게 끌어안았던 고민도
지금은 흔적조차 남지 않았다.

얼마나 사소한가.
내 허상의 고민이.

쏟아지는 비를 보면서 오늘은 흐리구나- 하고 멀리서 삶의 풍경을 볼 줄 아는 사람은 생각의 무게에 짓눌리지 않는다.

난 아직, 쏟아지는 비를,
무수한 고민을 온몸으로 받는다.

그래도 언젠가는 '오늘은 흐리구나'하고 말할 수 있겠지.
그날이 오면, 내 안의 비도 잠시 멈추겠지.

다음 계절

남들은 겨우내 웅크렸던 몸을 깨우며 일어나는 봄에
나는 유독 일어나기가 힘들었다.
밤이 긴 겨울에는 내내 깨어 어둠을 먹다가
봄이 되어 어둠이 물러나기 시작하면
내 몸은 그제야 잠들 준비를 했다.

세상이 분홍으로 물들어갈 때
나는 검정으로 물들어 갔다.

다른 이들이 서로에게 사랑을 속삭이고 그런 봄이 되면,
나는 반대로 애간장을 태우며 어찌할 바를 몰랐다.

나와 같은 시간을 보내는 언니가 있었다.
때론 병원에도 들어가고 나왔지만,
그런 순간마저도 놓지 않는 언니였다.

"언니, 또 봄이야. 나 이 시간을 버틸 수 있을까?"

"그럼. 네가 좋아하는 냉이와 두릅을 먹다 보면,
어느새 빙수 먹을 때가 올 거고,
네가 좋아하는 빙수랑 과일을 먹다 보면,
넌 또 따끈한 국물 요리가 그리워질 거야.
호떡이랑 붕어빵도 기다리겠지.
넌 그냥 다음에 먹을 것들을 기대하면 돼.
그렇게 지나가면 돼."

오늘도 난 다음 계절에 먹을 것을 그리며
눈을 꼭 감고 잠자리에 든다.

지금의 아픔도 언젠가 맛있는 계절의 기억이 될 거야.
모든 계절은 지나가고, 또 돌아오니까.

이름표

내가 좋아하는 의사 선생님은 정확하게 병명을 말해주시는 대신 "그런 성향이 보입니다."라고 하셨다. "당신은 우울증입니다." "당신은 ADHD입니다." "당신은 양극성 장애입니다." 이렇게 단정 지을 수도 있을 텐데 선생님은 늘 완곡한 표현을 쓰셨다.
저 선생님이 남긴 여백의 의미는 무엇일까, 생각했었다.

그땐 몰랐는데 시간이 지나서 보니, 선생님이 얼마나 환자를 배려하고 있었는지 알게 되었다. 어떤 병명이 붙는 순간, 사람은 그것을 자기 정체성으로 오해하기 쉬워진다. 이름표가 붙은 뒤부터는 우리는 그 이름 안에서만 자신을 해석하려고 한다.
"나는 우울증이야. 그러니까 난 우울해야 해."
"나는 ADHD야. 그래서 집중을 못 하는 거야."
이런 식으로 말이다.
'아, 내가 이런 사람이었구나' 하고 받아들이는 순간부터
'그래서 나는 이렇게밖에 못 해'라는 한계를 스스로 만들고 자신을 가둔다.

사람의 정체성은 고정된 것이 아니다. 하나의 단어로 설명할 수 없다. 정체성은 끊임없이 흐르고, 흔들리고, 확장되는 이야기다. 나는 일할 때의 나, 사랑할 때의 나, 글을 쓸 때의 나 때로는 거칠고, 부루퉁하고, 아무것도 하기 싫을 때의 나를 모두 알고 있다. 그들은 다 다르지만 동시에 전부 나다.

비슷한 현상을 한때 유행했던 MBTI에서도 볼 수 있다.
"I라서 나서서 발표할 수 없어."
"T라서 원래 말을 이렇게 해."
이 말에는 유형을 핑계 삼아 자신을 고정시키려는 심리가 숨어 있다. MBTI는 이해의 도구로 만들어졌지만, 우리는 종종 그것을 한계의 언어로 쓴다. 이름표는 편하지만, 동시에 우리를 한 방향으로만 살게 만든다.

인간은 단수형이 아니라 복수형이다.
고정된 명사가 아니라 끊임없이 변하는 동사에 가깝다.

하루에도 수십 번, 우리는 다른 나로 태어난다.
나는 앞으로 또 새로운 이름을 얻을
다음 시간의 나를 기대해 본다.

글을 쓰는 이유

돌아본 내 삶은 이미 망가졌고
앞으로의 내 삶은 막막하고
다 망해버린 것 같다는
그 감정 한 가운데에 내가 있었다.

병원을 드나들며, 낯선 약들과 친해졌다.
혼자 어딘가에 박혀 글을 읽기도 하고
누군가에게 내 고민을 털어놓았다가
질책이 담긴 조언을 받았고, 울다가, 또 견디다가
그 사이 어딘가에서 마음이 다쳤다.

운동을 해보고, 술을 마시고
사람들을 만나 웃으면서 재미없는 농담을 듣고
내일이면 모르고 지나갈 이에게
마음을 열어 보여주기도 하는
무료한 시간이 지나갔다.

무슨 요일인지도 모르고 지나가던 날,
나의 이 지루한 문제들이 말했다.
우린 너의 몫이어서 영원히 네 곁을 떠나지 않을 거라고.

이 지겨운 문제들과 함께 하는 동안은
어설프게 타인에게 기대는 것은 하지 않기로 했다.
허접한 노력도 하지 않기로 했다.

오늘처럼 아침부터 우울하고 막막한 날이면
내 마음을 여기다가 하나하나 풀어내기로 했다.
사람에게 기대기보단 종이에 기대보기로 했다.

서러웠던 마음, 괴로웠던 마음을
이 하얀 종이에 온통 흘려버릴 거라고.

그러면
언젠가 나와 같은 아침을 맞이한 이가
그 종이를 집어 들고 위로받게 될 거라 믿는다.

원망

너는 늘 구겨진 셔츠처럼
대충 걸쳐진 표정으로 다녔다.
화난 것도 아닌데 슬픈 것도 아닌데
늘 어딘가 젖어 있는 사람 같았다.

나는 그 표정을 매일 보면서도
닦아줄 수 없었다.
너의 깊은 마음 어디서부터
시작해야 할지 알 수가 없었다.

너는 좁은 방 안 구석에 앉아
대충 차린 밥을 꾸역꾸역 입안으로 밀어 넣었고
나는 그 곁을 아무 일도 아닌 듯 지나쳤다.

문을 열고 한참 방을 본다.
너의 모습이 보일 듯, 보이지 않는다.

이불엔 네 향기가 희미하게 스며있고,
달력엔 네가 별을 그려놓은 날들이 보인다.
딱 하루가 모자랐다.

나는 네가 미워-
네가 정말 미워-

이토록 먼저 무너졌다는 게,
나를 남겨두고 떠났다는 게.

나를 믿지 않았냐고
왜 단 한 번도 울지 않았냐고
말하고 싶다가도 다시 숨을 삼킨다.
혹시나 네가 듣고 돌아오려다 나가버릴까봐.

나는 널 미워하면서
자꾸 네가 기대던 창문 쪽으로 앉는다.
너를 정말 미워하면서.

저 쯤

현관을 열고 3초 정도 서 있었다.
아… 맞다.

차가운 거실 바닥에 누워보았다.
해가 길게 넘어가면서
집 안에 자신의 꼬리를 남기고 간다.
넌 저 해의 꼬리를 참 좋아했는데 말야.

한쪽 팔을 베개 삼아 모로 누워
아무 표정도 짓지 않는다.
차가운 바닥의 냉기가 몸으로 스민다.

저 쯤이었나.
너는 항상 나를 살피듯 보며
일 분쯤 서 있었더랬지.
그러다가 갑자기 달려오곤 했어.

탁탁탁탁탁-

톡톡톡톡톡-

저 쯤에 네가 있는 것 같아.

곧 이쪽으로 올 것만 같아.

탁탁탁탁탁-

톡톡톡톡톡-

네가 내 머리 근처에서 나를 보는 것 같아.

너의 소리가 들리는 것 같아.

이쯤엔 네가 있는 것 같아.

네가 나를 보는 것 같아.

눈에서 울컥울컥 멈추지 않고 슬픔이 흐른다.

난 여전히 모로 누워있다.

돌아갈 곳

철이라는 것이 빨리 들었다. 또래보다는 확실히 빨랐다. 징징대기보다는 현실을 받아들이는 쪽을 택했다. 그런 의미에서 철이 든다는 것은 꼭 좋은 일만은 아닌 것 같다. 세상을 일찍 알아버리면, 그만큼 오래 외로워야 하니까.

나는 할머니에게 종종 말했다.
"엄마, 아빠는 없어도 괜찮아. 어차피 있어도 내 인생에 도움도 안 됐을 건데." 반쯤은 할머니를 위로하는 말이었고, 반쯤은 내 마음을 속이기 위한 말이었다. 마음 한쪽이 서서히 굳어가는 건 무시했다. 현실을 내가 바꿀 수는 없었으니까. 받아들이는 게 속 편하다는 걸 어릴 때부터 아주, 잘, 배워왔다.

엄마, 아빠가 그리웠던 적은 없다. 엄마는 얼굴도 모르고, 아빠는 엄마보다 더 나쁜 기억만 있으니까.
어차피 있어 봐야 괴로움만 더 커질 텐데, 그리워하면 뭘 해.
오지 않을 것을 무한정 기다리는 것만큼 괴로운 것도 없다.

아이러니하게도 어른이 되자 어려서는 몰랐던 감정을 알게 되었다. 친구들이 힘들다고 아빠에게 전화하는 것을 볼 때, 주말에 엄마와 밥을 먹으러 갈 때, 그들을 보는 내 마음이 힘들어졌다.

돌아갈 곳이 있는 그들이 부러워졌다. 그곳에 누가 있든 힘을 얻고 돌아올 수 있는 그 상황이 참 부러웠다. 살다가 지칠 때 돌아갈 품 하나쯤은 필요하니까.

나도 한 번쯤은 돌아갈 곳이 있으면 좋았을걸.
남들처럼 엄마, 하고 부를 수 있으면 좋을 텐데.
세상 모두가 내 편이 아닌 것 같을 때
펑펑 울고 나서, 과일 하나 물고 위로받을 수 있으면 좋았을걸.

어린 시절의 나는 철이 빨리 들어
엄마, 아빠 같은 건 필요 없다고 해놓고,
없는 게 오히려 다행이라고 강한 척을 해놓고는
어른 시절의 나는 들었던 철이 없어진 건지
엄마, 아빠가 있었으면 하고 있다.

어떻게 생겼는지, 어떤 사람들이었는지
잘 기억도 나지 않으면서.

내 옆자리

나는 기다렸어.
선선한 바람이 머리카락을 스치고 들어오는 계절에
한 손엔 아이스 아메리카노를 들고
시시한 이야기, 아무 의미 없는 이야기를
깔깔거리며 할 수 있는 사람을.

그러다 해가 꺼지고 달이 모습을 드러내면
매콤한 볶음 요리 하나와 소주를 몇 병 두고
진지하게 자신만의 바보 같은 철학을
밤새 말할 수 있는 사람을.

앞뒤가 안 맞는 뒤죽박죽의 철학이라도
서로의 문장에 '바보 같아!' 하고 웃으며
맞장구를 치며 웃어주는 사람을.

난 아직은 만나지 못한 것 같아.

그래서인지 가끔은 상상해 봐.

아, 어떤 사람일까.

웃을 땐 주름이 깊을까, 아니면 눈을 살짝 찡그릴까.

내가 하는 시시한 농담에도 웃어줄까.

만나게 되면 어떤 말을 하면 좋을까.

'왜 이제 왔어.' 아니면 '드디어 만났네.'라고 할까.

나중에 만나면 이 이야기도 해줘야지.

내 안의 빈자리를 남겨두고서

나는 나만의 이야기를 만들어 가고 있어.

언젠가 네가 읽을 수 있을지도 모르는 나의 시간.

지나가면 그뿐인 시시한 대화라도

우린 진하게 나누게 되겠지.

내가 건넨 첫 문장에 너도 심장이 뛰겠지.

너도 나를 찾고 있었다면 말이야.

관계 속으로

사람이 그리우면서도 사람이 무서웠다.
관계에서 오는 상처는 몸에 난 상처처럼
눈에 보이지도 않고
약을 발라줄 수 있는 것도 아니어서 그저 버텨야 했다.
아물지 않은 마음은 조금만 스쳐도 다시 피가 났다.

할머니는 늘 내게 말했다.
"모든 것에 정을 주지 마라."
정을 주지 않는 것이 얼마나 어려운데.
난 정을 주지 않고는 살 수 없는 사람인데.
할머니는 이 어려운 걸 나더러 어떻게 하라고 한 걸까.

어떤 사람은 내가 원하지 않아도
내 인생에 툭 하고 나타났고,
어떤 사람은 내가 간절히 원했어도
내 인생에서 예고 없이 사라졌다.

난 나도 모르게 마음에 불을 피워 온기를 나눠주고
불씨가 조금 남은 재를 쥐고 괴로워했다.

예상치 못한 곳에서,
갑자기 내 인생에 스며든 사람은
무의미한 하루가 조금은 의미를 갖게 될 무렵
별다른 이유도, 싸움도 없이 사라졌다.

사라질 수밖에 없는 것들에
마음을 주었던 나는, 사람이 그리웠다.
이젠 누군가와의 관계에서 '좋다.'는 마음보다
'어떡하지?'라는 마음이 우선하게 되었다.

그러면서도 어쩔 수 없이
그 안으로 걸어 들어가는 난,
기어코 또 정을 주고 만다.

상처받고 싶지 않다는 이기적인 마음을 가지고도
모든 것에 정을 주지 말라는 말을
난 여전히 지키지 못하고 있다.

1분

오늘을 못 넘길 것 같습니다.
동생이 중환자실에 있다는 연락을 받았다.

귀가 멍했다. 세상의 모든 소리가 수면 아래로 가라앉고 눈앞에 보이는 것들이 정지된 사진 같았다. 울산에서 대구까지 어떻게 운전했는지 기억이 나질 않는다. 차 안의 공기는 숨이 막힐 만큼 무겁고, 엔진 소리와 내 심장 박동이 뒤섞여 현실이 자꾸 흔들렸다. 그냥 빨리, 빨리. 제발 빨리.

뭐든 눈으로 보기 전까진 와닿지 않는다.
기다림 없는 잔혹한 현실을 눈으로 본 순간,
마음 끝에 겨우 달아놓았던 감정들이
한꺼번에 쏟아져 내렸다.

동생의 시간은 빠르게 손가락 사이로 미끄러져 가고 있었다. 정체를 알 수 없는 호스들을 지나서 동생의 시간은 어딘가로 사라지고 있었다. 삑삑거리는 전자기기들의 불빛이 규칙적으로 깜박일 때마다 내 심장도 같이 쿵, 꺼졌다.

붙잡을 수도 없고, 멈추게 할 수도 없고, 눈물이나 줄줄 흘리며 바라보는 것밖에 할 수 없는 무기력한 나. 어떤 믿음도, 어떤 신도, 어떤 논리도 붙잡을 수 없는, 그냥 사람 하나. 나는 동생을 잃을까 하는 두려움과 능력 없는 자신에 대한 분노에 지배되었다. 마음속에 폭풍이 일었다.

"내가 너에게 해주지 못한 말이 많은데."
"너에게 난 받기만 했는데."
"아직, 아직 해주고 싶은 게 있는데."

난 어리석어서 곁에 있는 것들이
당연한 것처럼, 영원할 것처럼 행동했다.

너의 소식을 듣기 1분 전의 내 삶과
1분 후의 내 삶이
이렇게 달라질 것을 모르고.
그 1분이 인생을 통째로 흔들어버릴 줄도 모르고.

이별 준비

"놓을 땐 놓아야지. 언제까지 붙들고 있을래."

모호하게 멀어져 가는 관계를
억지로 붙들고 있는 나를 보고 친구가 말했다.
이 관계가 희미해져가고 있다는 것은
나도 알고 있었고, 너도 알고 있었다.

우린 문제가 있다는 걸 알고는 있지만
그저 어떻게 놓아야 할지 몰라서
둘 다 어정쩡하게 서 있을 뿐이었다.

이런 걸 정이라고 하던가.
처음 만났을 때의 따뜻함,
처음 함께 웃던 계절의 시간, 서로를 위로하던 말들,
눈을 보고 '괜찮아'라고 말해주던 밤들이
계속해서 발목을 잡았다.

"그래도…."
라고 하면서 질질 끄는 나 자신. 그리고 너.

정이라는 게
사랑이 다 닳아 없어져도 지독하게 남아
차라리 미워하면 편할 것을,
애매하게 좋았던 기억들이
끝까지 사람을 질질 끌어당긴다.

언젠가 네 존재가 내게 더는 아프지 않고,
그립지도 않고, 그저 무덤덤해지는 날이 올까.

처음에 우리가 상상도 못 했던
그런 표정으로 서로를 볼 수 있는 날이 올까.
거리에서 스치듯 만나도
그냥, '오랜만이다'하고 지나갈 사이가 될 수 있을까.

만약 그런 날이 오면 말이지
우리, 울지 않기로 해.

계획 없음

요즘은 계획을 잘 세우는 사람을 J,
잘 세우지 못하는 사람들을 P라고 부른다.
나는 굳이 고르자면 P다.

얼마 전, 지인 5명과 여행을 갔다. 그중 계획 세우는 것에 진심인 일명 J인 친구가 계획을 짰다. 친구는 출발하기 전부터 완벽한 일정을 짜왔다. 아침 8시 조식, 9시 30분 아침 수영과 사진, 10시 카페, 12시 30분 근처 마켓 구경.
"와- 이 정도면 여행이 아니라 출근 아니야?"
우리가 계획표를 보고 웃었다. 친구는 자신만만했다.

막상 여행지에 도착했는데, 예상치 못하게 비가 내렸다.
예약한 식당은 연락 없이 문을 닫았다. 택시는 한참 기다려도 오지 않았다. 친구는 결국 폭발했다.
"아! 진짜! 왜 이렇게 되는 거야! 정말 짜증 난다!"
나머지 친구들이 계획을 바꾸면 되지 않냐고 말했다.

그러자 친구는 멈칫하더니 톡 쏘아붙였다.
"야, 너네 너무 부럽다. 진짜 아무렇지도 않아서."
계획이 무너진 친구는 여행 내내 언짢아했다.

살아간다는 것은 정말 예측할 수 없는 거다. 결혼까지 생각했던 연애를 쉽게 끝내는 친구들이 있는가 하면, 인생의 최대 목표라고 생각해서 기껏 딴 자격증을 썩히는 친구도 있다. 사는 동안 이렇게 많은 갈래가 존재한다는 걸 어렸던 나는 알지 못했다.

삶은 가르침이라도 주듯, 나를 정해진 길에서 튕겨 나가게 했다. 불확실함은 지금의 순간을 더 선명하게 만들었다. 예상치 못한 방향으로 흘러가는 삶은 종종 나를 어색하게도 했고 진짜 나답게도 만들어 주었다.

누군가는 방향을 잃었다고 말하지만
결국 흐르다 보면 바다로 가게 된다.
그래서 나는 오늘도 계획 없음 모드이다.

예상치 못한

"넌 왜 우산을 잘 안 써?"

친구가 비 오는 날, 젖은 내 머리와 어깨를 보며 물었다. 강아지처럼 한참 머리를 털어내다가 나는 그냥 어깨를 한번 으쓱했을 뿐이다. 나는 비가 애매하게 올 땐, 귀찮아서 맞고 다니는 편이다.

삶의 비도 그랬다.
살면서 얼마나 많은 일들이 나를 흠뻑 적셨는가.
벼락처럼 쏟아지는 슬픔, 소나기처럼 내려앉는 불안,
끝이 없을 것 같던 후회와 자책, 이유 없이 축축한 하루들.

예전의 나는 우산을 꼭 쓰고 싶었다.
내 인생에 갑자기 쏟아지는 것들을
가능하면 다 피해버리고 싶었다.
한 방울의 물기조차 닿지 않게,
완벽히 나를 지키고 싶었다.

그럴수록 나는 더 푹 젖었다.
팔다리, 온몸이 축 늘어질 때까지.

우산 아래에서도 흙탕물은 튀었고
어이없어 헛웃음이 날 정도의 비바람이 날아오기도 했다.
도망칠수록 더 깊게 젖었다. 삶의 비는 늘 그런 식이었다.

그래도 마르더라.
슬픔도, 분노도
당장 견딜 수 없을 것 같던 그 고통도.
시간이 지나면 마르더라.

우산을 쓰지 않는 이유는
결국 언젠가는 마를 것을 알기 때문이다.

당신의 고난도, 결국 마를 것이다.
시간이, 바람이, 햇빛이
그대의 삶을 조금씩 말려줄 것이다.

내가 되고 싶은

"넌 사랑받고 자라서 좋겠다."
"넌 참 밝아. 사랑받고 자란 티가 나."
나는 저런 말을 자주 듣는다. 웃고 다니는 편이라서 그럴 수도 있고, 주변 사람들에게는 밝게 행동하는 편이라 그럴 수도 있다는 생각이 든다. 처음에 사랑받고 자란 사람이라는 말을 들었을 때는 '내가 얼마나 힘들게 컸는지 알아?'라는 반항적인 생각이 들었다. 괜히 내 힘들었던 시간이 아무것도 아닌 듯 지워지는 것 같아서였다.

그런 내게 친구가 그랬다.
"고생하고 큰 것 같다는 말보단 낫잖아."

한참 동안 말이 나오지 않았다. 맞는 말이었다. '고생 많았겠다'라는 말보다 '밝아 보여서 좋아'라는 말이 더 따뜻했다. 칙칙한 얼굴, 우울과 불행으로 가득한 분위기를 뿜어내며, 세상의 모든 고생을 짊어지고 살아온 것 같았다면 어땠을까. 아마 더 슬프지 않았을까. 사람들은 내게 지겨운 피로감을 느꼈겠지.

'세상에 또 한 명의 상처 입은 사람' 그런 식으로.

내게 사랑받고 컸다고 말한 사람들은 내가 가진 우울이나 과거사를 알면 깜짝 놀라곤 한다.

"전혀 안 그래 보였는데."

"네가 그렇게 힘들었을지 몰랐어."

"너한테 세상 편하게 산다고 해서 미안해."

그들의 미안하다는 말에는 당혹함, 불편함, 곤란함 등이 섞여 있음을 알고 있다. 실은 정말로 나는 아무렇지 않다. 오히려 지금은 사랑받고 컸다는 말을 들으면 기분이 좋다.

내가 좋아 보인다는 거니까.

나는 밝은 사람이 되고 싶다. 한없이 밝아서 내 과거나 우울 따위, 아무것도 아닌 사람으로 만들고 싶다. 내 과거의 어둠이 현재의 나를 삼키지 못하도록. 내 사랑이 넘쳐서 누군가의 하루에 덜어 줄 수 있는 그 정도의 사람이 되고 싶다. 그리고 말하겠지.

사랑받고 자란 사람처럼 웃을 수 있다면

그건 내 안에 새로 심은 사랑이 자라난 걸꺼야.

건강

    동생은 하루 한 갑씩 담배를 피워댔다. 비흡연자인 나로서는 저걸 무슨 맛으로 피나 싶었다. 그래도 내가 술을 좋아하는 것과 동급이라면 이해할 만도 했다. 각자 자신을 달래는 방식이 있는 법이니까. 술과 안주를 앞에 두고 또 담배를 태우러 가는 동생에게 말했다.

"그렇게 피면 건강에 안 좋아."
"언니도 그렇게 술 마시면 건강에 안 좋아."

    한 마디를 지지 않아서 더 할 말은 없었다. 우린 서로의 폐와 간을 걱정하는 척했지만, 사실은 각자의 상처를 감싸는 방식이 달랐을 뿐이다. 동생은 담배 연기로 마음을 눌러 담았고, 나는 술을 마시고 하루를 털었다. 각자의 다른 도피 방식을 존중했지만, 둘 다 이게 좋지 않다는 것쯤은 잘 알고 있었다. 사는 게 버거울 때 손에 잡히는 게 담배인지 술인지의 차이일 뿐, 결국 같은 구멍을 메우려 애쓰고 있었다.

건강 따위는 핑계였다. 내가 말하고 싶었던 건, "너 힘들지?"였는데, 입 밖으로 나온 건 늘 "건강에 안 좋아." 같은 말뿐이었다.

"괜찮아? 힘들지 않아?"

그 말이 목 끝까지 차올랐지만, 우리 사이에는 어중간한 문장만 배회할 뿐이었다.

집을 나간 동생에게 뭘 하면서 지내는지 물어볼 자신은 없었다. 내 삶을 감당하기도 힘든 시절이었다. 각자의 삶을 꾸역꾸역 버티며, 서로의 안부를 짐작만 할 뿐이었다. 여느 자매들과 달리 사라져버린 10대의 공백은 나이가 들어도 메워지지 않았다.

피는 끌린다고 하던가. 서로의 하루를 전혀 모르는 타인처럼 지내다가 어느 순간부터 다시 만나 밥을 먹게 되었다. 부모의 정이라곤 모르고, 그저 언니 뒤만 졸졸 쫓던 동생은 겉으로만 강한 어른이 되어 있었다.

나는 마음으로 말해본다.

"잘 지내지?

나는 여전히 네가 건강하길 바라고 있어."

혜성

인생에서 소행성들을 자주 만났어.

그들은 어디선가 튕겨 나와
내게 깊은 골을 남기고 사라지거나
궤도를 잘못 들어 불타버렸어.

전자든, 후자든
내 마음은 그들의 잔해를 오래 마주해야 했어.
잔해와 함께 흉도 남았지.
잊기에는 선명해서 잊을 수 없는 흉이.

어쩌다 한 번,
빛을 품고 스쳐 간 혜성이 있었어.
꼬리를 길게 늘이며
깜깜한 내 세상을 가르며 나타난 인연.
눈을 감아도 내 안에서 반짝여서

가능하면 내 근처에 오래 있길 바랐어.
부디 내 밀도 높은 대기에 불타버리지 말길.
부디 좀 더 내게 다가오길.

그 혜성은 자신의 빛을 나눌 이를 찾았을까,
아니면 무한의 공간 속에서 나라는 행성을 찾고 있을까.
혹은 이미 다른 별의 중력에 이끌리고 있을까.

바라기는 해.
한 번만 더,
나의 궤도와 너의 궤도가 겹치기를.
내 공간을 네가 다시 밝혀주기를.

언젠가 우리가 또다시 마주친다면
그땐 조금 덜 타오르고
조금 더 오래 머물 수 있기를.
서로의 방향을 바꾸어버릴 정도의 인력으로.

별빛 하나에도,
너의 꼬리별을 닮은 희미한 잔광이 있을까 봐
끝이 어딘지 모를 어둠 속을 가늠해 보고 있어.

평범

"선생님, 저는 자퇴하고 그냥 좀 1년, 2년 쉬다가 기술 배워서 일하고 싶은데 엄마가 안 된대요. 제가 자동차 좋아해서 그쪽으로 기술 배우려고 하는데 일단 대학을 가래요."

평소에 학생들은 내게 진로 고민을 자주 털어놓는다. 그중 가장 어려운 것이 부모님과 의견이 일치하지 않을 때이다. 이런 경우, 어머니와 나 사이의 지난한 대화가 이어진다.

"어머님은 아이가 어떤 삶을 살았으면 좋겠다고 생각하세요?"
"평범하게요."
"평범하게 라면 어떤 걸 말씀하시는 걸까요?"
"대학은 어느 정도 괜찮은 곳 가고, 직장 들어가서 집 사고 결혼하고 아이 낳고… 그냥 다들 사는 대로요."
"음…어머니, 그 '평범'의 기준이 너무 높다고 생각해 보신 적은 없으세요? 마음의 준비가 되지 않은 아이들은 그런 말을 들으면 심적으로 압도되기도 하거든요."

그 말에 어머니는 잠깐 침묵했다가, 결국 이렇게 말씀하셨다.
"그래도 자퇴는 안 돼요. 그러면 인생이 늦어지잖아요.
선생님이 좀 설득해 주세요. 늦으면 안 된다고!"

늦으면 안 된다고- 라는 말이 머릿속에서 멀리멀리 퍼졌다.
우리 사회는 나이로 움직인다.
단 한 번의 실수나 실패는 늦어지기 때문에
낙오자가 될 확률이 높아진다.

아이들이 자퇴를 고민하는 이유는 여러 가지지만, 기본적으로 그 안에는 '옆에 있는 친구들처럼 살 수 없을지도 몰라. 난 저렇게 살고 싶지 않아. 저렇게 살 자신이 없어.'라는 마음이 숨어있다.

우리에게 정말 필요한 것은 속도가 아니라 호흡이 아닐까.
숨이 가빠지면 크게 호흡을 내쉬면서 잠시 멈춰도 되고,
늦게 가도 괜찮고, 평범이란 말에 묶이지 않아도 되는.

평범한 삶이라는 건 남들과 같아지는 것이 아니라
내 마음이 안락한 삶을 사는 것에 의미를 두어야 하지 않을까.

쓸모

"요즘 일을 줄였다며? 그러면 어떡하니. 짐은 되지 말아야지. 사람이 일을 해야지. 그래야 좋아하지. 다들."

폰을 통해 걱정스러운 할머니의 목소리가 들렸다. 그 말이 나를 향한 애정에서 시작된 건 알지만, 마음이 편치는 않다.

'일하지 않고서는 난 가치가 없는 걸까.'

수많은 술자리, 심리 상담, 대화에서 들었던 말은 '넌 쓸모 있어야 한다는 강박이 있어.'였다. 어디서 이런 생각이 발현되었는지는 대략 알고 있다. '가만히 있으면 미움받는다. 짐이 되면 안 된다.'는 어린 시절의 기억 때문일 거다. 하지만 시작점을 알고 있다고 해서 강박을 없애기란 쉽지 않다.

쓸모없는 내 모습을 견딜 수 없다.
쓸모없는 나는 살 자격이 없다.
쓸모없어진다는 것은 죽음과도 같다.

어릴 때 '당신은 사랑받기 위해 태어난 사람'이라는 노래를 들으면서 단 1%도 공감할 수 없었다. 순수하게 사랑만을 받기 위해 태어난 사람도 분명히 있겠지. 그게 내 주변 사람들이면 더 좋고. 그렇다고 그게 내가 될 수 있다는 생각은 하지 않았다. 그냥 저런 노래가 있구나, 정도. 노래 가사는 나와는 상관없는 이야기였다.

사람이 살아가는 데에 있어서 어떤 전제조건을 붙이게 되면, 삶의 난이도가 확 올라가게 된다. 특정 조건을 달성하지 못하거나 지속하지 못하면 쉽게 죽음을 생각하게 되기 때문이다. 삶의 난이도는 높지만, 삶의 밀도는 낮아져 버리는 그런.

나는 이 어색한 문장을 요즘 가까스로 말하고 있다.
이 문장을 믿는 데에는 아직 시간이 걸리겠지만

"쓸모 있지 않아도 괜찮아."
"삶을 너무 미워하지는 말자. 살아 보자."

아무 쓸모 없는 순간에도 살아 있을 수 있기를,
그냥 있는 그대로의 나로 존재할 수 있기를.
너도 그렇기를.

존재하는 기쁨

나는 어릴 때부터 궁금했다.
'나는 왜 태어났고, 왜 살아가고 있을까?'
순수하게 나의 존재 이유가 알고 싶었다.

어릴 적부터, 나는 마음속으로 묻고 또 물었다. 친구들에게도 물어봤고, 어른들에게도 물어봤다. 대부분 '태어났으니까 살지.'라던가 '쓸데없는 소리 좀 그만해.'라는 식이었다. '그저 태어났으니까 산다면, 우린 왜 다른 동물들처럼 풀이나 뜯고 살 수 없는 거지?'라는 의문도, 먹고 사는 일이 급해 어영부영 잊고 말았다.

그러다 학생 중 하나가 내게 물었다.
"선생님, 사람은 왜 사나요?"
순간, 어릴 적의 내가 떠올랐다. 이불 속에서 '사람은 왜 살까? 나는 왜 태어났을까?' 하고 밤을 보내던 시간.

'우리는 왜 사는 걸까?'라는 생각을 해본 적이 있는가. 나는 삶의 본질을 찾고 싶었다. 본질이라는 것은 겉모습, 역할, 상황은 바뀌어도 절대 변하지 않은 중심. 그것을 그것답게 만드는 근본적인 성질을 의미한다.

그럼, 내 삶의 본질은 무엇인가.
내가 살아 있다는 것, 내가 누군가에게 이야기를 건네고 있다는 것, 그것만으로도 삶의 이유가 된다는 걸 글이 가르쳐주었다.

삶의 본질은 살아가는 것 그 자체이다.
우리가 살아 있는 동안 삶이 계속되듯,
삶의 본질도 계속 만들어지고 있다.
우리는 다양한 경험을 하고, 사람을 만나고, 애쓰고, 감정을 느낀다. 그리고 그것은 우리가 살아가는 이유가 되는 것이다.

그렇게 매일 조금 더 나로서 사는 순간에 존재하는 나.
그것이 삶에서 내가 찾을 수 있는 기쁨이다.

떠난 너에게

문득, 네 생각이 났어. 네가 가고, 누군가는 네 방을 정리했겠지. 너의 작은 방에는 네가 살고 싶었던 흔적들이 그대로 남아 있었을 거야. 네가 운동할 때 먹으려고 사둔 영양제, 토익점수를 위해 샀던 문제집, 책상에 수없이 붙은 '나는 할 수 있다'라고 적힌 포스트잇들, 다음 달로 미뤄둔 일정표, 학자금 대출 종이.

나는 가끔 상상해. 그날 밤, 네가 마지막으로 본 건 가득 쌓인 문자 메세지함과 의미 없이 떠드는 오픈채팅방 사람들의 대화창이었을까. 아니면 과거의 사진들이 가득한 사진첩이었을까. 그 무엇도 너를 세상에 묶어둘 힘이 없었다는 게 나를 먹먹하게 해.

네가 떠난 방은 다 정리되었더라. 세상에서 한 사람의 흔적이 그렇게 쉽게 지워지다니. 며칠이면 아무 일도 없었다는 듯. 그걸 보고 나는 허무했어. 우리가 이렇게 열심히 살아가도, 결국 남는 건 거의 없거든. 내가 떠나도 마찬가지겠지. 내가 써놓기만 했던 글은 삭제될 거고, 내가 입던 옷은 의류 수거함으로 버려지겠지.

편의점에선 너와 내가 자주 사 먹던 음료가 계속 팔릴 거고, 햇빛은 여전할 거야. 어찌 보면 허무하고 덧없는 것 같아.

문득 그런 생각을 해봐. 알고 보면 나도, 너도 이 행성에 잠깐 놀러 온 게 아닐까? 난 어쩌다 좀 더 오래 체류하게 됐고, 넌 먼저 떠나게 된 거야. 그게 꼭 나쁜 일만은 아닐지도 몰라. 우린 다들 잠시 머물다 가는 여행자니까.

너는 먼저 떠났지만, 나는 아직 이 행성 위에 남아서 조금 더 머물러 볼 생각이야. 네가 보지 못한 계절을 대신 보고, 네가 가보지 못한 길을 대신 걸어볼게. 어떤 날에는 하늘을 보고 '이건 네가 좋아했을 거 같아'라고 해볼게. 허무하고 덧없는 것 같았던 삶에 조금이라도 생기를 넣어보고 널 그려볼게.

기다려줘, 내가 언젠가 너를 다시 만날 때
재미있는 이야기들을 가지고 갈게.
새벽 동이 틀 때까지 마주 보고 떠들어 보자.

아껴두지 말자

뜬금없이 뇌출혈 진단을 받았던 적이 있어.
그때 가장 먼저 떠오른 것은
'아, 이렇게 가는 건가? 아까운데.'였어.

아까웠어. 정말로.
내가 아직 다 밟아보지 못한 땅
아직 만나지 못한 내 인생의 사람들
끝까지 다 쓰지 못한 쌓여있는 글들

내일이 당연할 줄 알았는데
그 내일이 쉽게 사라질 수도 있다는 걸, 너는 알았니?

네가 보고 있는 것들, 잡고있는 것들
네가 보듬고 대화하고 사랑하는 모든 것들은
결국 언제든지 사라질 수 있는 거잖아.

그래서 우리는 아끼면 안 돼.
좋아할 수 있을 때 마음껏 좋아해야 하고
사랑할 수 있을 때 힘껏 사랑을 부어줘야 하고
마음을 쓸 수 있을 때 아낌없이 꺼내 써야 해.

우린 얼마나 변덕스러운 존재니.
지금 없으면 안 될 만큼 좋아하는 것도
내일이면 당장이고 지루해질 수도 있는 그런 존재잖아.
오늘의 '좋아해'가 내일엔 '잘 지내'로 바뀌는 그런 존재잖아.

자주 말하자.
고마워. 미안해. 좋아해. 보고 싶어. 사랑해.

살아있다는 건,
순간을 낭비하지 않는 거야.

그러니, 아껴두지 말자.
내일의 나는
오늘의 말을 다 전하지 못할지도 모르니까.

펫로스 증후군

그는 키우던 강아지를 먼저 보내고 나서, 거의 울먹이며 말했다. "이런 마음을 말할 곳이 너밖에 없더라. 이런 게 우울증인가? 너 어떻게 버텼냐. 진짜 너무 괴롭다."
자취를 시작하면서부터 함께한 첫 강아지, 로이.
회사에 강아지 때문에 힘들다고 말하기도 어렵고,
그는 자신만의 무겁고 고독한 시간을 보내고 있었다.

"거실 바닥에 눕잖아. 그러면 로이가 올 것 같아. 아침에 눈 뜨면 내 발밑에 자고 있을 것 같고. 화장실에서 씻고 나오면 문 앞에 있을 것 같아. 마음이 괴로운데 말할 수도 없어. 그깟 개 한 마리 가지고 그러냐고."

그는 로이가 항상 있던 자리에 지금도 있는 것 같다고 했다. 그래서 밥그릇도, 물그릇도, 로이가 쓰던 담요도 버리지 못했다. 그릇을 치우면 진짜 끝일 것 같아서. 그렇게 몇 주째, 그릇을 그대로 두고 산다고 했다. 그의 일상에 크게 구멍이 난 것 같아 뭐라 위로

해야 할지 망설여졌다. 괜찮다고 어설프게 말하기엔 그는 괜찮지 않았고, 언제 괜찮아질지도 알 수 없었으니까.

강아지들의 완전무결한 사랑을 받아 본 사람은 내 편이 있다는 게 어떤 것인지 알아 버린다. 조건 없는 용서와 기다림, 무한한 애정. 그것은 인간이 좀처럼 해내기 어려운 사랑의 형태다. 그 사랑을 잃으면, 세상 어디에서도 대체할 수 없는 관계 하나가 사라지는 것이어서 우리는 지독한 상실감을 맛보게 된다.

"사람은 떠나면, 그래도 정리가 되잖아. 근데 강아지는 그게 안 돼. 내가 유난인가? 진짜 미친 사람 같아."

미친 사람이 될 만큼 사랑을 받았던 거겠지.
한 생명으로부터 받을 수 있는 모든 것을 받았던 거겠지.

헤어짐은 슬프지만, 우리의 추한 모습, 무력한 시간, 심지어 나조차 사랑하지 않는 나를 사랑해 주는 그런 존재가 우리 삶에 있었다면, 우리는 축복받은 것이다.

강아지들이 보여준 세상을 대하는 방식으로
우리는 조금 더 다정해지고, 덜 냉정해질 테니까.

그냥

"왜 요즘 연락이 없었어?"

"그냥…"

넌 마음을 들킬 것이 두려워 말을 줄였다.

'사실은 어젯밤 잠 못 이룬 수천 번의 뒤척임이 아파.'

'나도 내가 왜 슬픈지 몰라 그 이유를 찾아 헤매다 더 길을 잃어버렸어.'

'내가 아프다는 걸 말하면 혹시라도 네가 나를 떠나버릴까 봐 너무 두려워.'

너는 요즘 누군가에게 솔직해지는 게 점점 어려워 보인다.

힘들다고 말하면 약해 보일까 봐,

짜증을 내면 나쁜 사람처럼 보일까 봐.

네 안의 우울이 깊어져 누군가와 마주할 기운조차 없거나 네 마음을 구구절절 설명하는 것이 버거운 날엔 '그냥'이라며 진짜 하고 싶은 말을 입안에 가두어 버린다.

'그냥 바빠서.'
'그냥 일이 많았어.'
'그냥 좀 그랬어.'

거짓은 아닌데, 진심도 아니다.
어디 한 군데 뚫려버린 마음을 주체할 수 없을 때, 너조차도 모르게 흘러나와 버리는 말. 그냥.

나는 그런 너의 옆에서 네 마음의 구멍 사이로 수없이 질문을 던져본다. 내가 던진 문장 하나쯤은 네게 크게 닿아 네가 흔들리길 바라면서. 그러다 문득, 네가 아주 작은 목소리로 나직이 한마디를 건넬지도 모른다고 생각해 본다.

"이레야, 나 사실 힘들었어. 나 좀 안아 줘."
그 말이 나올 때까지, 난 네 옆을 지켜줄 것이다.
말이 되지 않는 슬픔에도 끝이 있다는 걸
너 스스로 알게 될 때까지.

언젠가, 너의 '그냥…'이
"오늘은 괜찮아."
라는 단어로 바뀔 수 있도록.

열심히 사는 건에 대하여

건조기 문을 열었다. 뜨거운 공기가 훅, 쏟아졌다. 모든 것이 죽어있는 것 같은 열기가 얼굴에 와 닿는다. 쉼 없이 굴러다니며 버틴 옷들이 그 안에서 인사한다.

막 꺼낸 옷은 따뜻하다. 손바닥에 얹으면 체온보다 조금 더 높은 열기가 스며들고, 구겨진 섬유 사이로 남은 습기가 희미하게 올라온다. 축축했다가 건조해진 그 결은, 삶이 남겨둔 상처와도 닮았다. 건조기에서 꺼낸 옷은 햇볕에 말린 것처럼 반듯하지는 않다. 군데군데 주름이 남아있고, 섬유는 건조기의 뜨거운 바람을 견뎌낸 탓에 조금은 푸석하다.

우리 삶도 건조기에서 꺼낸 옷들과 뭐가 다를까. 완벽하게 다림질된 삶은 드물다. 우울함이 주름처럼 남기도 하고, 우리를 난타하는 현실을 견디다 보면 마음결이 거칠어지기도 한다. 누군가와 부딪히며 생긴 자국이 쉽게 지워지지 않은 채 남기도 한다.

우린 살고 싶지 않다고 말하면서도, 여전히 열심히 굴러가고 있다. 뜨겁게 회전하는 건조기 안에서 옷들이 부딪히며 서로의 주름을 더 만들고 펴내듯, 우리도 하루 속에서 부딪히고 흔들린다.

구겨져 있어도 괜찮고, 조금 낡아 있어도 괜찮다.
깨끗하게 다려진 모습만이 전부는 아니니까.

우리는 반듯한 셔츠보다는 그 셔츠 속에 숨어있는 눈물과 웃음, 실패와 시도가 있는 삶을 동경한다. 우린 비뚤어진 모습 그대로, 세탁 라벨이 삐뚤게 달린 옷처럼, 완벽하지 않지만, 분명히 자신만의 모습이 있는 삶을 사랑한다.

삶은 언제나 다소 쭈글쭈글하고
때로는 예상치 못한 얼룩을 남기지만,
그래도 우리는 주름진 채로도
내일을 살아갈 준비가 되어 있다.

비뚤어진 모습 그대로,
어쩌면 더 인간적인 모습으로.

하고 싶은 게 많아서

하고 싶은 게 많은데
망설이다 하지 못한 사람은
죽어서도 괴로울 것이다.

밝히지 못한 채 사라진 별처럼,
미련의 궤도가 끝없이 이어져
밤하늘을 유성처럼 떠다니겠지.
자신이 한때 뜨거웠던 기억에 매달려서.

나는 그 별 무리 속을 떠돌며
아직 닿지 못한 은하들을 손끝으로 세어본다.

가보지 못한 행성,
써보지 못한 문장,
사랑하지 못한 순간들이
검은 우주에 박혀, 나를 끝내 잠들지 못하게 만든다.

나는 밤마다 내 안의 은하수를
허겁지겁 건져 올리면서도
이게 진짜 내 길인지,
아니면 그저 제자리걸음인지 알지 못한다.

쓰다 만 문장처럼, 잃어버린 별자리처럼,
나도 자신을 찾지 못한 채 허공을 헤맨다.
알 수 없는 중력에 끌려 들어가기도 하고,
내 자리를 놓치기도 하고, 처음으로 돌아오기도 한다.

"이 길이 맞나요? 내가 하는 선택이 옳을까요?"
어둠은 답을 주지 않는다.

헤맴 속에도 나는 여전히 별 하나를 켠다.
이 별이 맞을지도 모르잖아.
내가 켜고 싶었던 불이 이것일지도 모르잖아.

달칵.
이 별이 내 별이 맞는지 모르지만
나는 별을 켜보고 싶어 또 하나의 별을 밝혀본다.

바나나

바나나는 멸종했다. 우리가 먹는 바나나는 옛날에 존재했던 바나나가 아니다. 예전의 바나나는 더 달고 진한 맛이었다. 사람들은 화려한 맛에 열광했지만, 결국 한순간에 사라질 만큼 취약했다. 요즘의 바나나는 옛날만큼 달콤하지도 않고, 진하지도 않다. 껍질은 얇고 쉽게 멍이 든다. 그러나 이전의 바나나를 멸망시켜 버린 병에는 견뎌냈다. 맛은 옅어졌지만, 살아남았다.

나도 그렇다. 어제의 나는 이미 사라졌다. 난 예전만큼 불타오르지 않고, 쉽게 흥분하지도 않는다. 어제의 나는 무언가를 좋아하면 밤새도록 몰두했고, 누군가를 미워하면 며칠이고 잠을 이루지 못했다. 좋아하는 일에 불이 붙고, 싫어하는 사람은 지웠다.

오늘의 나는 옅은 감정의 맛을 가졌지만, 오래 버틸 수 있게 되었다. 전보다는 덜 울게 되었다. 불타는 시절의 향을 잃은 대신 내 안에 무언가를 담을 수 있는 껍질을 얻었다. 시간이 지날수록, 나는 또 다른 품종으로 태어나고 있다.

그렇다면, 나는 멸종한 걸까? 예전의 바나나처럼.
아니면 여전히 또 다른 내가 되고 있는 걸까.
지금의 바나나처럼.

어떤 순간엔 어제의 내가 사라져 다시는 돌아오지 않았다. 불같던 나, 거침없던 나, 울고 웃던 나. 또 어떤 순간엔 사라진 줄 알았던 내가 다른 형태로 살아났다. 들어주는 나, 이해하는 나, 손잡고 끌고 가는 나. 익숙한 이름으로 불리면서도, 나는 늘 새로운 종으로 태어나고 있다.

인간은 매일 조금씩 멸종하고
매일 조금씩 부활하는 존재다.
하루의 끝에서 나는 사라지고
다음 날의 아침에 또 다른 내가 눈을 뜬다.

어제의 우리가 누군가를 만나고, 사랑하고, 어떤 말을 했어도,
오늘의 우리는 다른 이를 만나고, 사랑하고, 다른 말을 할 것이다. 내일의 우리는 또 다른 방식으로 삶을 이해하고 살 것이다.

우린, 옅어지면서도 강해지고
전보다 더 농익은 그런 무언가가 되어가고 있다.

순간

누군가 나와 함께 해준다는 것은
다시는 돌아오지 않을 삶의 한 페이지를
나에게 선물하겠다는 것이다.

서로가 시간을 주고받고 시간을 나눠 먹으며
서로의 삶의 일부가 된다.
그동안의 일들을 털어놓고, 위로받고, 위로한다.

아- 누가 나와 함께 해준다는 것은
너무나 따스하고 고마운 일이 아닌가.

이 순간, 나의 옆자리에 앉아
자신의 시간을 떼어서 나눠주고 있는 사람이
그저 숨 쉬고, 웃고, 함께 있는 그 사람이
참 고맙지 않은가.

새벽 3시

위험한 시간이었다.
내 기분이 이상하리만큼 멜랑꼴리해지고,
괜히 누군가를 불러내고 싶은 새벽 3시.

나는 꿉꿉한 새벽에 너를 불러
이유 없이 동네를 배회하며
인생에 대해, 지나간 사랑에 대해 말했다.

너는 지루하지도 않은지 잘만 들었다.
동네를 걷고 또 걷고
4시가 훌쩍 넘어 동이 멀리서 터올 때쯤
너는 내 눈을 똑바로 보고 말했다.

이제, 지금의 사랑을 이야기하자고.

갈음하다

메일을 받았는데 유독 눈에 띄는 글자가 보였다.

'…갈음합니다.'

아! 이 단어 정말 오랜만이네.

내가 알고 있지만 사람들이 잘 쓰지 않는 단어를 누군가 자연스럽게 썼을 때의 그 기분. 왠지 모르게 반가워서 마음 한쪽이 밝아졌다. 짧은 단어에 긴 울림이 있었다. 갈음한다는 뜻은 '이미 있는 것을 다른 것으로 바꾸어 대신하다'라는 뜻이다. 글자 하나에 나는 생각의 나래를 펼쳐보았다.

요즘 나는 내 삶에서 무엇을 갈음하며 살고 있었지?

어릴 때는 꿈 하나를 꽉 쥐고 살았다. 그게 내 인생의 방향이자 존재 이유가 되었다. 어린 시절의 세상은 단순하니까. 내가 가야 할 길이 하나라고 믿었다. 어른이 된 내 손을 바라보니 자잘한 것들이 잔뜩 들어간 안정이라는 주머니를 쥐고 있었다. 일, 책임, 자존심, 가족, 사랑, 관계, 대출, 통장 잔고, 약간의 피로와 체념, 현실감각 등등. 그 주머니도 나쁘진 않다. 불안한 사람에게 익숙함이란 곧 안심이다.

어느 날엔가, 나는 안정의 주머니를 잠시 내려놓고 다시 불안한 도전을 쥐었다. 낡은 안정 대신, 새로운 불안을. 손에 쥔 게 많은 사람은 앞으로 갈 수 없다. 어느 정도는 내려놓고 가야 하는 법이다. 난 누군가의 기대를 내려놓고 나 자신의 기대를 안고, 늘 불안했던 어제를 대신해 한 발짝 더 용감한 오늘을 걷고 있다. 내가 손에 쥔 것들은 변했지만, 그러는 동안 나는 점점 달라졌다.

나는 앞으로도 갈음하겠지.
두려움을 용기로, 망설임을 행동으로, 후회를 희망으로.

우리는 살아가면서 수없이 많은 것들을 갈음하며 점점 나은 우리가 되어 간다. 계속해서 자신을 새롭게 갈음하며 끝없는 교환의 여정을 지나는 것이 인생인지도 모르겠다.

우린 무언가를 내려놓는 동시에
또 다른 무언가를 품는다.
한층 더 멋진 사람이 되고 있다.

닳아버린

매일 쓰던 마그네틱 카드가 며칠 전부터 고장 났는지 말을 듣지 않았다. 편의점 계산대에 올려놓고 삑 소리가 나길 기다렸는데, 아무 소리도 나지 않았다.

카드를 다시 긁었지만, 이번에도 안 됐다.
손끝으로 카드를 이리저리 닦으며
"오늘따라 왜 이래."라고 멋쩍게 중얼거렸다.
이 카드만 편하게 쓰다 보니 수없이 쓸려 있는 흠집이 보였다.

사람도 그렇다.
쓰고, 또 쓰고, 계속 쓰면 닳아버린다.
나는 나를 너무 써버렸다. 내 감정을 헤프게도 긁어 썼다.

누군가를 이해하느라, 누군가의 기대에 맞추느라.
좀 더 좋은 사람으로 보이기 위해서.

내가 해야 하는 것들이 내 주변을 둘러싸고 있었다.
일은 쌓여있었고, 가족들의 문제는 내 몫이었다.

괜히 말을 듣지 않는 카드의 칩 부분을 엄지로 문질러보았다.
혹시나 다시 되지 않을까 하는 미련 때문이었다.

누가 가르쳐준 것도 아닌데
왠지 문지르면 괜찮을 것 같아서. 그렇게 몇 번이고.

여기저기 긁어 썼던 마음을 만져봤다.
닳고 마른 감정들이 손끝에 걸렸다.

마음은 카드처럼 다시 만들 수 있는 것도 아니니, 별수 없다.
내가 내 마음을 만져주고, 달래주는 것 말고는.

마음을 찬찬히 갈무리해 본다.
타인을 향해 썼던 마음을
이제는 나를 위해 쓸 수 있도록.

가진 것들

있을 때 잘하라는 말은 누가 처음 했을까.
인생의 핵심적인 결을 정확하게 꿰뚫은 이 문장을
처음으로 말한 사람은 어떤 순간에 이 말을 뱉었을까.

아무리 생각해도 나는 어리석고 무지했다.
가진 것에 감사하기보다는 더 원하고,
멀리 있는 것들을 탐냈다.

내 안에 쌓아두고도 더 쌓아두길 원했다.
가진 것들이 식어가는 것을 알지 못했다.
있을 때, 가졌을 때 있는 힘껏 사랑할 생각은 하지 못하고
바깥으로 눈을 돌린 나는 얼마나 한심한 인간이었는지.

상해버린 과일을 먹어봐야 썩은 맛이 날 뿐이었고,
시든 꽃을 물에 담가봐야 다시 피지 않았다.

"그때 미안했다고 말할걸."

"그때 한 번 더 안아줄걸."

"조금만 더 곁에 있어 줄 걸."

사람들은 누군가를 잃고 나서야 말한다.
장례식장에서, 병실 침대에서,
혹은 그 사람의 SNS에 마지막 인사를 남기며
수없이 반복되는 후회들.

살아 있을 땐 어색해서, 바빠서 하지 못했던 말들이,
대상이 사라지고 나서야 가장 크게 들리는 이 아이러니함.

나도 내가 가진 것들이 시간이 지나도 영원할 거라고 믿었다.
내 주변 이들이, 내가 가진 마음이, 그리고 네가.
모두가 이렇게 식어버릴 줄은 몰랐다.

무슨 부귀영화를 누리겠다고-
내 마음을 아껴 쓰던 내가 지금에야
내 안에 넘쳐버리는 마음에 속이 아리다.

남부끄럽게

20대 어느 날, 원인은 몰랐는데 몸살처럼 몸이 심하게 아팠다.
열이 40도 가까이 오르고 온몸이 쑤셨다.
앞이 흐릿해진다는 게 이런 느낌이구나, 하고 처음 생각했다.
땀샘이 다 열렸는지 땀은 뻘뻘 나는데 또 손발은 차가웠다.
이대로는 안 될 것 같아서 구급차를 부르고 겨우겨우 기어 방 밖으로 나갔다.

그때 할머니가 말했다.
"옷은 좀 예쁘게 갈아입고 가라. 남들 본다."

숨이 막히고 뱃속은 뒤집히는데,
할머니의 관심은 내 아픔보다 남들의 눈이 우선인 것 같아
서러워서 몸이 더 아픈 것 같았다.

시간이 흘러, 나는 그때의 이야기를 꺼냈다.
"왜 그랬어, 할머니? 나는 아파 죽을 것 같았는데."

할머니는 잠시 생각하다가, 담담하게 대답하셨다.

"나는 원래 남의 눈이 너무 신경 쓰인다. 사람들이 욕할까 봐, 흉볼까 봐, 그래서 조심하고 또 조심하면서 살았다. 넌 엄마,아빠도 없는 집안이라 이미 남부끄러운데, 또 남들이 어떻게 보겠어."

남부끄럽다는 게 도대체 뭘까.
남들이 나한테 대체 뭘 해줬는데.

할머니의 세상은 끝없는 시선으로 둘러싸여 있고, 모두가 서로의 평판을 지키기 위해 연기하고 있었다. 무대의 조명이 꺼지는 날은 언제일지, 그 삶을 감히 상상하기조차 어렵다.

나 역시 그런 삶을 살았던 적이 있었다.
남들의 기준이 내 기준이었던 적이 있었다.
지금은 조금씩 벗어나려고 노력하는 중이다.

나에게 말해본다.
남부끄럽지 않게 사는 게 아니라
내 마음에 부끄럽지 않게 사는 삶을 살자고.

강한 사람

"언니는 참 강한 사람 같아."
 나는 소위 말하는 멘탈이 강한 사람도 아니고, 부조리함을 보고 나서는 사람도 아닌데, 종종 강한 사람이라는 말을 듣는다.

난 늘 깨지고 흘러내리는 존재인데,
사람들은 왜 나를 강하다고 말하는 걸까.
'강하다'라는 말을 들으면 고개를 갸웃하게 된다.

"난 자주 우는데? 너도 잘 알잖아. 난 완전 약한데."
"글쎄. 확실히 언니가 잘 울긴 하지. 슬퍼하고 우울해하고.
근데 울면서도 뭘 자꾸 하고 있잖아. 그게 강한 거 아닐까?
가끔 무섭기까지 하단 말이야. 울면서도 뭘 하는 걸 보면."

강함이라는 것은 상처가 없는 무결한 상태를 말하는 것은 아닐 거다. 상처투성이임에도 다시 걷는 사람을 우리는 강한 사람이라고 부르는 거겠지.

아마도 내게 강하다고 말했던 사람들은 내가 살아온 날들을 그려보며 그렇게 말했을 것이다. 막연하게나마 내가 울었던 밤들을 세어보고, 그럼에도 일어나고, 밤에 절망하더라도, 아침이면 다시 삶을 이어 붙이던 순간들을 그려봤을 거다.

우리 주변에도 그런 사람들이 많다. 소리치지 않고 세상 앞에서 묵묵히 자신을 붙잡는 사람들. 누군가는 매일의 의무를, 누군가는 책임을, 누군가는 사랑을 이유로 하루를 보낸다.

일상을 살아간다는 것은 그것만으로도 대단해서,
일상을 살아가는 우리는 결코 약하다고 할 수 없다.
우리는 젖은 마음을 말려가며 조금씩 나아가고 있다.

그렇다면,
우리는 모두 강해질 수 있는 사람-
그리고 이미 강한 사람이다.

바랜 사랑

상처받지 않고 사랑할 수 있을까.
사랑의 부산물인 상처를 외면할 수 있을까.
필수 불가결과도 같은 상처를 품을 수 있을까.

내 안의 가장 연약한 살을
누군가에게 건네어 줄 때
손이 떨리는 나는,
시간이 지날수록 약은 사랑을 한다.

평온을 얻고 온기를 잃는다면
아무 일도 일어나지 않는 조용함과
아무것도 느껴지지 않는 공허함을
동시에 감수해야 하겠지.

겁을 내면서도 나는 사랑을 잡는다.
부르튼 상처를 안은 채로도

너의 이름을 부르고

차가운 밤을 지나 따뜻한 숨결을 찾는다.

두려움과 그리움이 맞닿은 어느 지점에서

내가 애달프게 찾던 사랑이 자란다.

제멋대로 움직이는 마음을 부여잡고

이성의 저울로 이쪽, 저쪽을 고심하는 나.

고민이 무색하게 저울은 눈길이 가는 쪽으로 기울고

나의 사랑은 언제나 균형을 잃은 쪽에서 시작한다.

균형을 잃은 나는

위태위태하게 이어지는 사랑을 하고

어느샌가 따라오는 상처를

온전히 받아들이기로 한다.

그리고 아마,

지금의 내가 널 만나면

잃어본 만큼의 공허한 마음으로

한 번의 포옹에 천 개의 마음을 담을 것이다.

완벽하지 않은 하루

아침에 급하게 움직이다 새끼발가락을 찧었다. 엄청난 고통에 소리조차 나오지 않았다. 곧 출근 시간인데, 뭘 입고 나갈지 정하지 못했다. 이 옷 저 옷을 들어 보다가 결국 눈에 보이는 대로 입고 나왔다. 출근길, 신호란 신호는 다 걸렸다.

이 동네에 이렇게 신호가 많았던가?

양면 복사를 해야 하는 데 단면 복사로 수백 장을 프린트해서 혼나고, 거래처는 오늘따라 날카롭게 말했다. 전화하기가 겁나는 지경이었다. 회의실에 들어갔는데 부장님이 말했다.

"양말, 짝짝이네? 그게 요즘 유행이야?"

아침에 아무거나 집어 입고 나온 게 실수였다.

퇴근길, 힘없이 걷는데 저 멀리서 친구가 비닐봉지에 맥주 6캔을 들고 나타났다. 우리는 도시가 잘 보이는 공원 끝 벤치에 앉았다. 맥주를 땄다. 아니나 다를까, 맥주는 거품이 폭발해버렸다.

짜증을 낼까, 하다가 그냥 빠르게 거품으로 입을 쭉 내밀었다.

맥주 1캔에 얼굴이 빨개진 나는 오늘 하루가 얼마나 힘들었는지, 재수가 없었는지 떠들기 시작했다.

"막, 있잖아. 부장님이 그거 유행이냐고 하니까, 사람들이 다 쳐다보는 거야. 회의실에서! 진짜. 그런 것 좀 모른 척해주지. 아- 오늘 진짜-! 별로다. 완벽하지 않은 하루야, 정말."

쥐포를 우물거리던 친구가 말했다.
"오늘 편의점에 갔는데, 맥주 4+1인데 아줌마가 하나 더 줬어. 난 그래서 오늘 좋은 하루야. 넌 회사도 다니고, 직책도 있잖아. 난 백수에, 딱히 하는 것도 없고. 완벽한 하루를 생각하는 것 자체가 문제야. 우리가 완벽하지 않은 인간인데 완벽한 하루가 어딨어. 불완전함 속에서 좋은 걸 찾아내는 게 사는 거지.

적어도 넌, 오늘 나를 만나서 맛있는 걸로 하루를 마무리했으니 나쁘진 않은 하루인 거지."

그래, 맞다.
완벽하지 않은 우리가 완벽을 원하는 건 모순이겠지.
완벽하지 않은 하루 속에서 작은 행복을 찾아내
하루가 행복했다고, 좋았다고 하면
그게 정말 우리의 하루를 완벽하게 만드는 거겠지.

늦은 배움

나는 나를 있는 그대로
사랑해 줄 사람을 기다렸다.
실수해도, 울고 있어도
때로는 심술궂고 멍청하게 구는 날이 와도.

그런 음울한 날조차 사랑이라는 담요로
덮어줄 사람이 어딘가에 있기를 바랐다.

참 바보 같다.
정작 나는 나조차 끝까지 안지 못하면서
허공에 시선이 묶인 채, 누군가에게 그걸 바라다니.

사랑받고 싶다는 마음이 너무 컸다.
오지 않을 누군가를 그리는 마음이 범람했다.
밝게 웃는 나, 열심히 사는 나, 사랑받는 나.
그 나만이 나인 것처럼 착각했다.

그림자를 자르려 가위질하다가
오히려 살점까지 베어냈다.

못난 나도, 고통받는 나도,
그게 다 나인데.
불안한 나, 두려운 나,
어딘가 부족한 나까지도 나인데.

세상에 하나뿐인 나를
흠으로 가득한 나를 다시 품는 방법을
이제야 조금씩 배운다.

사랑을 누가 내게 쥐여줄 수 있을까.
없지. 내가 나에게 쥐여줘야 하는 것이지.

미워하지 말아야지, 나를.
밀어내지 말아야지, 나를.
나를 내가.

준비

　난 뭔가 해야겠다는 생각이 들면 바로 해버리는 편이다. 나라는 사람은 용기가 무한정 샘솟는 타입이 아니라서, 그나마 작은 용기가 샘솟았을 때 해버려야 한다.

　생각이 길어지면 길어질수록,
　내가 용기를 내서 시도할 확률은 점점 줄어든다.

　내 나이 정도가 되면 응원보다는 걱정을 하며 현실을 말해주는 이들이 더 많기 때문에, 나는 일단 벌려놓고 통보를 하는 편이다.
　"나 출판사를 열었어." "나 새로운 책을 썼어."
　"나 호주 케언즈를 여행 중이야." "나 연애 시작했어."
　내 안의 두려움을 오래 붙들고 있으면 결국 아무것도 못 하게 된다는 걸 나는 이미 여러 번 경험했다.

　그런 나를 보고 친구는 물었다.
　"이레야, 넌 그렇게 할 수 있는 이유가 뭐야?"

"음, 나는 게으른 사람이라 당장 시작하지 않으면 영원히 하지 않더라고? 그래서 생각날 때 바로 해."

"뭔가 시작할 때, 준비는 어떻게, 언제 해?"

"무슨 준비? 완벽하게 준비된 시기가 어딨어. 일단 시작하고 보는 거지. 일단 그냥 해."

"난 준비되지 않으면 시작할 수 없어."

"그러면 영원히 못 하는 거야. 나이가 들어서 침대에서 일어나지 못할 때도 '난 아직 준비가 안 됐어'를 말하게 되겠지."

진심이었다. 나는 무언가를 시작하기에 앞서, 준비하고 싶고, 괜히 망설여지고, 할까 말까라고 생각이 든다면, 나중에 나이 든 내가 '난 준비되지 않았어.'라고 하는 모습을 상상해 본다.

동시에 '아, 그때 그냥 할 걸.'이라고 말하면서 후회하는 내 모습이 그려진다면, 나는 그냥 한다.

망하면 어떤가.
내가 처음부터 뭐 대단한 걸 가지고 있던 사람도 아니고.
길거리에 나앉으면 또 거기에 길이 있겠지.
있을 거라고 믿는다.

영원

지금 이 순간이 너무 간절해서
흘러가는 시간을 잠시라도 붙잡고 싶은 이들은
바보 같다는 걸 알면서도 약속한다.

"우리, 영원하자."
금방 사라질 비눗방울에
영원이라는 이름을 붙여두고
서로에게 찰나의 고백을 하는 사람들.

어떤 이는 내게 다음 생에도 너를 만나고 싶다고 했고
어떤 이는 내년에도, 후년에도 사랑할 거라고 했다.

사랑에는 유통기한이 있고
감정은 부질없이 지나갈 것이며
사람은 당연하게 변한다는 것을
우리는 알면서도 영원이라는 주문을 외운다.

다 알면서도 영원히, 라고 말하는 사람들은
그 짧은 순간을 얼마나 사랑하고 있는 것일까.
시간을 멈추게 하고 싶을 만큼
순수하고 뜨겁게 사랑하는 건가.

서로의 눈을 응시하며
찰나의 순간을 잡고 싶은
그들의 마음이 그림자를 타고 흘러나온다.
그들이 말하는 영원은 짧은 시간이나마
진심을 담아보겠다는 강렬한 의지일 거다.

결국 끝을 알고 있음에도
서로의 이름이 입안에서 희미해지고
서로의 손이 다른 손을 잡게 될 날이 와도
그림자 한편에 남아있을 약속.

영원.
우리는 모두 시간 속에 녹아 사라질 운명이지만
우리가 남겨 놓은 길은 말할 것이다.
영원을 약속할 만큼 사랑했다고.

불안한 날

평소와 같은 아침인데 불안의 쓰나미가 밀려오는 날이 있다.
눈앞이 환한데 마음은 여전히 어두운 새벽이다.
머릿속은 이미 수십 개의 일들로 가득한데,
몸은 이불 속에서 단 한 발짝도 나오지 못한다.

"일어나야 해. 움직여야 해. 늦었어."
속으로 외치면서도 손끝 하나 움직이지 못한다.
그런 아침이면, 나는 불안 속으로 깊이 가라앉는다.

발은 분명 앞으로 나아가는데,
마음이 나를 뒤로 잡아당긴다.

 나는 자주 불안한 사람이다.
불안이 나를 잡고 흔들어서,
때로는 아주 소심한 사람이 되어버린다.
마음속에 사는 불안은 오랜 내 친구처럼 속삭인다.

"괜찮겠어? 잘 가고 있는 거 맞아? 이 길이 네 길이 맞아?"
내 불안은 내 기본적 감정이어서 평생 함께 해야 한다.
불안의 목소리를 잠재우려면 뭐든 생각없이 그냥 하면 된다.

나는 불안에게 말한다.
"멈추지 않고 가고는 있어.
잘 모르겠지만, 가고는 있어."

맥아리 없이 덜덜 떨면서 반에, 반 발짝도 못 나가도
일단 뭐든 해야 내 불안이 사라질 것을 알아서,
그저 멈추지 않고 가는 것 말고는,
내가 할 수 있는 것이 없으니까.

그렇게 아침을 맞이한다.
속삭이는 불안의 목소리를 누르고
으아-! 마구 소리를 지르며 이불 속에서 벗어난다.

상실의 밤

초등학생 때, 집에 가기 싫어서 놀이터에서 쭈그리고 앉아 흙을 파고 있었다. 갈 곳은 없는데, 집으로는 더 가기 싫었다. 특별히 뭘 만드는 것도 아니면서 의미 없는 행위를 반복하고 있었다.

그날따라 놀이터의 모래밭은 유난히 차가웠고, 그 속에 손을 넣은 나는 울음을 꾹 눌러 닫고 있었다. 동네 놀이터의 좋은 점은 친구들이 그런 나를 발견하고 종종 곁에 있어 준다는 것이었다.

나는 울먹이며 말했다.
"아빠랑 할머니가 키우던 개를 다른 데로 보낸대."

그 개는 내 유년의 전부였다. 나를 알아주던 유일한 존재. 내 말을 다 들어주던 존재. 하얀 털에 까만 눈이 마치 내 마음을 이해하는 것 같아 끌어안고 자주 울기도 했다. 작은 심장이 쿵쿵 뛰는 걸 들으면 세상이 아주 잠깐 괜찮아지는 것 같았다.

그런 존재가 전보다 덩치가 커졌다는 이유로 다른 곳으로 가야 한다니, 세상이 내게만 벌을 내리는 것 같았다.

원하지 않는 상실이란 그런 것이다.
어떠한 언어로도 설명되지 않는, 그런 것.

이를 악물고 스며 나오는 울음을 참던 나를 대신해 친구가 울어주었다. 큰 소리 없이 눈물만 뚝뚝 흘리는 친구가 고마웠다. 친구는 내 마음의 문턱에 앉아, 완전히 들어오지 않고, 완전히 나가지도 않은 채, 나를 말없이 위로해 주고 있었다.

상실을 겪는 사람에겐 사람이 필요하다. 상실은 말을 삼키게 하지만, 존재는 그 침묵의 옆자리를 채워준다. 구멍 난 공허를 채워줄 수는 없지만, 마음이 더 흘러 버리는 걸 막아주는 사람이 필요하다.

그러니까 누군가의 세상이 무너지는 순간을 보면
우리는 주저 없이 가야 한다.
상실을 겪은 이의 밤은 온통 부서져 버린 폐허지만
우리의 존재는 그 위에 내리는 달빛이 될 것이다.

첫 연애

나는 바람만 불어도 흔들리던
민들레 씨앗 같았어.
아무 힘도 없으면서
자신을 태풍 속에 던져 넣은 듯
애절하게 매달리고, 크게 흔들리던 내 마음.

마른 햇볕에도 금세 시들던 어린 잎사귀.
조금만 더 견뎌도 푸르게 살아날 수 있었는데
나는 그때를 끝이라고 생각했지.

흐트러짐이 두려워
조심조심 쌓아 올리면서도
결국 무너질 거라는 걸 알면서도
애써 쥐고 있던 것들.

이리저리 어지럽혀지는 나를,

그런 나를 보기만 하는 네가
너무나도 원망스러웠어.

지금에서 뒤를 돌아보니,
그 모든 건 아무것도 아니었는데.

나를 흔들던 건 너라기보다는
단단히 뿌리 내리지 못한
어리석고 미숙한 내 자신이었는데.

네가 사라지는 게 두려웠어.
네가 사라지면 내 세상이 사라질 것 같았거든.

난 네가 거대하게 느껴졌어.
나를 지켜줄 유일한 희망, 내 동아줄.

지금에서 돌아보면
너 역시 그저 흔들리고 있던
하나의 작은 잎사귀였음에도 말이지.

나와 함께 하기

술자리에서 지인이 말했다.

"나이가 들어서도 혼자를 못 견디는 사람은 피곤해."

그녀가 한 연애를 생각하면 이해는 갔다. 그녀의 남자 친구는 사랑이라는 이름으로 하루에 스무 번씩 안부를 물었다.

"뭐 해?" "내 생각 하고 있어?" "왜 답이 늦어?"

처음에는 그가 귀엽다며 좋아했던 그녀였지만, 나중에는 점점 지쳐갔다. 그는 확인받고 싶어했지만, 그녀는 언제까지, 얼마나 더 확인을 해줘야 하냐고 답답해하며 말했다.

"사랑이 아니라 확신을 받아야 살 수 있는 사람 같아."

혼자를 못 견딘다는 건 늘 누군가와 있어야 마음이 놓이거나, 혼자의 공백을 감정적으로 못 버티거나, 자신의 불안을 타인에게 전가해버리는 걸 의미한다. 혼자를 못 견디는 사람은 감정의 출구를 항상 타인에게 두기 때문에, 주변 사람들에게 끊임없이 반응을 요구한다. "나 지금 힘들어. 왜 몰라주는 거야? 역시 너도 날 내버려두는구나. 다 필요 없어. 외로워."

끊임없이 타인에게 무언가를 원하면서, 롤러코스터를 탄 듯, 계속 주변인의 감정선을 타고 돈다.

그녀의 푸념을 들으면 생각했다.
나는 혼자 있는 시간을 견딜 수 있는 사람일까?

혼자의 시간을 잘 견딘다는 건 외로움을 느끼더라도, 외로움에 잠식되지 않는 법을 아는 사람을 의미한다. 나를 타인에게 소모하지 않고 채워갈 수 있다는 거다. 책을 읽거나, 글을 쓰거나, 차를 마시거나, 자신이 좋아하는 취미활동을 하면서 자신만의 시간을 온전히 채울 수 있는 사람. 그런 사람을 우리는 혼자서도 잘 지내는 사람이라 한다.

내 안에 머무는 법을 아는 사람. 그게 우리가 하나의 인간으로 타인과 관계할 수 있는 필요조건이 아닐까?

내가 나와 함께 하는 법을 연습해 보자.
누군가에게 매달리지 않아도 괜찮은 사람들이
서로를 다정히 바라보고 기대는 세상은
상상만으로도 참 견고하고 좋지 않은가.

괜찮아

매사 긍정적인 친구가 있었다.
너무 긍정적이어서 가끔은 화가 날 정도였다.
내가 속상해하면 그 친구는 '괜찮아질거야'를 연발했다.
그는 항상 타이밍을 맞추지 못했다.

내가 고통스러워 하는 상황에 무턱대고 '괜찮다'라고 말하고는
나를 위로했다고 생각하는 모습에 울화가 치민 적이 많았다.

사람들은 타인의 고통에 쉽게 괜찮아질 거라고 말한다.
'괜찮아질 거야'라는 말은
때로 괜찮지 않은 사람에게는 폭력이 된다.

그래도 가족이다, 그래도 괜찮을 거다.
'그래도'라는 표현 뒤에는
고통을 느끼고 있는 상대를 부정하는 마음이 숨어있다.

누군가의 괜찮지 않음에 '괜찮아'를 올려놓는 건
상대가 충분히 아파할 시간을 가지지 못하게 하는 것이다.
때로는 '괜찮아'보다 '그렇구나'가 더 따뜻하다.

누군가 괴로움에 빠져있다면, 희망을 강요하기보단
내가 너의 옆에 있겠다고, 함께 해주면 된다.

희망은 누군가 심어주는 것이 아니다.
자신의 시간 안에서 자라난다.

당장 긍정적이 될 수 없다고 해서
괜찮지 않은 사람이 되는 건 아니다.
억지로 웃는다 해서 그게 진정한 웃음이라 할 수 있겠는가.
그것이 정말 본인을 위한 것인가.

부정적인 마음을 쏟아내도 된다.
한껏 내 아픔을 토로해내고 나면 담담해지는 순간이 온다.

그리고 나서야 우리는 채울 수 있다.
희망이든, 긍정이든.

연결(1)

나는 전보다 표독스러운 얼굴로 앉아 있었다. 무슨 말을 해야 할지 몰라 어색했다. 선생님은 나를 바라봤다. 책상 위 시계 초침 소리가 유난히 크게 들렸다.

끊임없는 자기혐오를 멈출 수가 없었다. 심장이 뛰는데도, 살아 있다는 게 실감 나지 않았다.

나는 의자 끝에 앉은 채 손가락을 꼬집으며 중얼거렸다.
"그냥, 이제 그만하고 싶어요. 사는 게 너무 피곤해요."
"이레 씨는 살아야 해요."
"왜요. 사람들이 다 없어지면 정부가 세금을 거둘 수 없어서인가요? 그래서 살게 하는 건가요?"
내가 왜 그렇게 삐딱하게 말했는지 지금도 모르겠다.
그땐 모든 말이 비틀려 나왔다.

"음, 전 과학적이어야 하는 의사이지만, 저는 모든 사람, 모든 인연은 연결되어 있다고 믿어요. 결국 만나야 하는 사람은 만나고, 서로 좋든 나쁘든 영향을 주게 되어 있거든요. 그걸 누군가 강제로 끊어낸다면, 누군가에겐 엄청 괴로운 일이 될 수도 있죠.

우린 다 존재해야 할 이유가 있어요. 삶은, 그걸 찾아가는 과정인거죠. 존재해야 하는 이유는 크든 작든 상관없어요."

의학적인 말은 아니었다. 단지 인간이 인간에게 건네는 말이었다. 선생님은 잠시 내 얼굴을 살피며 말을 이었다.

"지금 당장은 보이지 않더라도
먼 미래의 누군가에게는
이레 씨의 존재가 자신의 우주거든요."

그 의사 선생님이 얼마나 따뜻한 사람이었는지, 얼마나 많은 인내를 하며 날 대했는지, 고작 스쳐 지나가는 환자인 내게 그가 가진 다정을 얼마나 아끼지 않고 부어주었는지 알게 된 건, 꽤 시간이 지나서였다. 돌이켜보면 그날 나는 아주 작게나마 살아야 하는 이유를 건네받고 있었던 것 같다.

연결(2)

나는 오늘 아침에도 눈을 떴을 때 '왜 살까'라는 생각이 들었다. 아무리 틈새를 메워도 여기저기 부실한 내 머릿속에서는 부정적인 생각이 참 잘도 흘러 들어온다. 조건반사나 다름없이 떠올라버리는 생각을 막을 수 없다면 그냥 흘려보내는 것도 나쁘지 않다. 누워서 한참 천장을 봤다. 한차례 소나기가 지나간 뒤 생각의 꽃망울이 퍼져나갔다.

나는 누구랑 연결되어 있을까?
가족? 동생? 의사 선생님? 상담 선생님? 스쳐 지나갔던 남자 친구들? 결혼하고 아이를 키우고 있는 내 친구들? 아니면, 너?

내가 아직 만나지 못한 이들을 어떤 사람들일까.
어디선가 나와 같은 생각을 하는 사람이 지금쯤 같은 하늘을 바라보고 있을지도 모른다. 그들이 가진 우주의 일부에 내가 행성만큼은 아니더라도 작은 유성 하나쯤은 될 수 있을까.

만약 내가 누군가의 우주에 연결되어 있다면, 내가 내 마음대로 소멸해도 되는 걸까? 내 소멸이 누군가의 우주에 거대한 소란이 된다면, 그건 어찌 보면 못 할 짓이잖아.

나는 여전히 모르겠다.
내가 어떻게 하면 잘 살아야 하는지도 모르겠다.
왜 살아야 하지, 라는 생각이 매 순간 찾아온다.
내가 살아야 할 이유를 100% 완벽하게 찾지 못했다.

하지만 아직 만나지 못한
나와 연결되어 있을 누군가의 우주에
내가 빛이 될 수도 있다는 생각은
2% 정도의 살아갈 이유가 된다.

그 2%로 나는 오늘도 움직여본다.
숨을 한 번 쉬고, 물을 한 모금 마시고,
밖으로 나가 하늘을 한 번만 올려다보면서.

헤어지던 날

이유도 모른 채 이별을 맞이했다.
어제까지만 해도
나를 사랑한다고 말하던 네가
오늘은 아무 일도 없었다는 듯 등을 돌렸다.

사랑하는 사람이 생겼어.
미안해. 나보다 좋은 사람 만나.

너보다 더 좋은 사람을 어디서 만나?
속에서 의문과 울음이 범벅이 된 채 뒹굴었다.

생각지도 못한 일을 맞이하면 멍해진다.
어떤 반응을 보여야 할지,
어떤 말을 해야 할지,
어떤 표정을 지어야 할지,
온몸이 고장 나버리고 만다.

사랑이 끝난다는 게 이렇게 구체적인 일이었나.

함께 걷던 길이 낯설어지고

같이 마시던 커피가 쓴맛으로 바뀌고

우리라는 단어가 한순간에 과거형이 되어버리는.

누구는 이별을 서서히 준비한다고도 하던데

너는 왜 그 정도의 기회조차 내게 주지 않았던 걸까.

너는 준비되어 있었는데, 나는 왜 준비되지 않았을까.

그동안 고마웠어-

한 마디 던지고 나서는 시선을 피한 채

망설임 없이 돌아서서 가는 너.

뭐가 그렇게 급한지,

뒤돌아보면 흔들릴까 봐 불안했던 건지

도망치듯 걸음을 재촉하는 사람이 되어 버린 너.

무겁게 내려앉은 하늘에서 곧 비가 쏟아질 것 같다.

나도 곧 울음을 쏟아낼 것 같다.

불면

모든 생물이 잠을 자면서
뇌에서 불필요한 찌꺼기를 걸러 낸다는데,
내 뇌는 아마 불순물 덩어리일 거야.
퀴퀴하고 오래된, 냄새 나는 과거들이
뇌 곳곳에 가득 껴서 썩어가고 있겠지.

그래서 남들이 보기에
좋지 않은 생각을 자주 하고,
나 자신을 성가시게 느끼는 거겠지.

.그러나 나는 여전히 예전의 굴레에 빠져
잠이라는 것에 갈증을 느끼면서도
끝내 시원하게 들이키지 못하고 있다.

난 언제쯤 잠과 사랑에 빠지게 될까.
눕는 순간 밀려오는 불편이 사라지는 순간이 있을까

얼마만큼의 나이가 들고,

얼마만큼의 책임을 완수하고,

얼마만큼의 일을 하고 나서야,

잠이라는 것을 편안하게 잘 수 있을까.

내가 가끔 다른 세상으로

눈을 돌리는 이유도

같은 이유겠지.

자고 싶어서.

정말 아무 생각 없이 자고 싶어서.

잠만 푹 자고 싶어서.

오늘의 반성도, 내일의 걱정도

하지 않아도 되는 잠의 세상이 있다면 좋겠어.

그러면 나는 잠자는 기쁨이 뭔지 만끽할 수 있을 텐데.

다음 생일까지

그를 만났을 때 나는 무기력한 사람이었다. 극심한 우울을 겪고 있었다. 별일이 없어도 눈물이 쏟아졌고, 울컥했다. 아무도 모르게 나는 냉소적으로 변해가고 있었다.

그에 비해 그는 행복의 역치가 낮았다. 별일 없어도 눈물이 흐르는 나와는 달리 별일 없어도 행복한 사람이었다. 날카로운 나와는 다르게 둥글둥글한 그를 보면 부럽기도 하고, 나는 그러지 못한다는 것에 성질이 났다. 그는 성질을 내는 나도 좋다고 했다.

믿지 않았다. 누구든 내 우울을 경험하고 나면 진저리를 치며 도망갔다. 그가 지금은 나를 너무 좋아해서 지키지 못할 약속을 하는 것 같았다. 그를 믿지 말자고 속으로 다짐했다.

그동안 내가 얼마나 많은 이들을 믿었고, 또 얼마나 많은 이들이 떠났는지. 셀 수조차 없었다. 누군가가 떠나가는 그 상실감을 경험하는 것은 나를 더 침울하게 만들었다.

"이레야, 나 너 생일 언제인지 알아."
"어."
냉소적으로 답하는 나에게 그는 덧붙였다.
"너 다음 생일까지만 나 만나."

내 다음 생일은 내년이었다. 그는 내게 다음 생일까지만 만나자고 했다. 내가 사는 것에 회의적인 날이면 그는 어김없이 다음 생일을 외치곤 했다. 그가 진심이든 아니든 중요하지 않았다.

다음 생일까지만 살자는 말은
알량한 내 삶을 조금 더 연장해 주었다.

나는 다음 생일까지 얼마나 남았는지 세어보는 버릇이 생겼다. 갑자기 살고 싶어진 게 아니라 약속을 지켜야 할 것 같아서였다. 그는 여전히 별일 없어도 웃었고 나는 여전히 별일 없어도 울었다. 그리고 그는 계속 말했다.

다음 생일까지.
그리고, 그다음 생일까지도.

첫 단추

우리 할머니가 자주 하던 말이 있다.

"첫 단추부터 잘못 꿰었네."

특히 우리 엄마를 원망할 때 그 말을 했다. 아빠를 보면 항상 불쌍하다는 할머니. 아빠 인생에서 첫 단추인 엄마가 잘못 꿰어져 아빠의 삶이 안타까워졌다는 게 할머니 생각이었다.

할머니 입장에서야 금쪽같은 귀한 아들내미 인생을 망쳐놓은 나쁜 년인데 욕할 만도 하다 싶지만, 한편으로는 아빠도 딱히 좋은 사람은 아니지 않나, 라는 의문도 들었다.

나는 셔츠를 입을 때 할머니의 말이 생각나 단추를 꽤 신중히 채운다. 단추를 잘못 끼우면 그날 하루가 망가져 버릴 것 같다.

괜히 긴장되기까지 해서 식은땀이 나기도 한다.

처음부터 망치면 안 되니까. 처음부터 잘해야 하니까. 처음부터 잘하면, 문제가 없으니까.

어느 날이었던가. 날이 싸늘해져 도톰한 가디건을 입고 나가야 하루를 따뜻하게 보낼 수 있을 것 같았다.
어떻게 옷을 입었더라.
어떻게 옷을 정리하고 나왔더라.

그날은 좀 바빠서 가디건을 급하게 입고 뛰어나왔는데 하루를 정신없이 보내고 나서, 늦은 저녁에 거울을 봤다.

그 속에 비친 내 모양새가 이상했다.
아, 첫 단추.
첫 단추를 잘못 끼워 옷이 삐딱해지고 말았다.
가엾은 가디건은 모양새가 망가지고 말았다.

유독 힘들었던 날이었던가.
유독 참고 있었던 날이었던가.
가디건을 보고 울음이 터졌다.

가디건이야 단추를 다 풀고 다시 꿰면 되지만
나는, 내 삶은 어떻게 다시 꿰면 좋을까.

맥주잔

나는 식당에 가서 종이컵이 나오면 꼭 맥주잔을 달라고 한다. 물을 많이 마시는 편인데 한참 쓰다 보면 약한 종이컵은 금세 우그러진다. 그런 사소한 이유로 나는 늘 맥주잔을 따로 청한다.

소주만 시켜놓고 맥주잔을 달라고 하면 대부분은 의아한 표정으로 "네?" 하고 되묻는다. 그러면 나는 황급히 "아, 물 마실 때요. 종이컵이 금방 눌려서요."라고 한다.

그날도 그랬다. 고깃집에서 맥주잔에 물을 마시고 있었다.
만나던 남자 친구가 날 보더니 말했다.
"그거 알아? 나도 요즘 너 때문에 식당에서 종이컵 주면 맥주잔을 달라고 해."
"소주만 시켜놓고 맥주잔 달라고 하면 놀라지 않아?"
"하하, 맞아. 소주를 맥주잔에 부어 먹을까 봐 그러는 거겠지? 하여튼 나도 이제 습관이 된 것 같아. 만에 하나 우리가 헤어지게 되어도 나는 맥주잔을 따로 달라고 해서 물 마실 거 같아."

사랑은 이렇게 작고 하찮은 습관 하나를
옮겨 심는 일일지도 모르겠다.

연애를 오래 하면, 상대의 방식이 내게 묻는다. 상대가 좋아하던 음식, 좋아하던 노래, 좋아하던 장소. 그 모든 게 어느새 나에게도 스며들어 상대가 떠나도 남아있다.

사랑이 습관으로 남는다는 건
그만큼 오랫동안 그 사람의 세계 안에 젖어 있었다는 뜻이다.
그와 함께 살았던 시간이 내 일상의 일부가 되어버린 거다.
그 흔적이 완전히 사라지려면, 아마 오랜 시간이 걸리겠지.

나는 오늘도 맥주잔을 들고 물을 마신다.
이건 내 습관이지만, 누군가가 어딘가에서
내 습관을 따라 하고 있을지도 모른다는 생각을 해본다.
나를 사랑했던 누군가가.

우리의 문장

처음 그 아이를 만났을 때, 대충 빗어 묶은 머리에 아무거나 보이는 대로 집어 입은 듯한 옷이 꽤 인상 깊었다. 얼굴은 정말 예쁜데, 표정은 어두웠다. 사춘기의 그늘이라기엔 깊어 보였다. 나는 직감적으로 알았다. 이 아이는 지금, 세상보다는 자신 안에서 더 힘겹게 싸우고 있겠구나.

아이는 모든 것이 다 귀찮고 그만두고 싶다고 했다. 자퇴하고 싶고, 만날 친구도 없고, 입시는 지긋지긋하다고 했다. 삶 전체에 대한 피로가 느껴졌다. 나는 그 아이가 얼마나 오래 이 어둠 속에서 서 있었는지를 느낄 수 있었다.

나는 아이에게 그날의 감정을 기록하는 글쓰기를 가르쳤다. 아이는 뭐라고 써야 할지 모르겠다고 한참을 망설였다. 그러고는 다음 날, 집에서 밤새 쓴 글을 가져왔다.

하고 싶은 말이 많은 친구였다. 우리는 외로움, 불안, 걱정, 우울감, 죄책감, 자기혐오, 미움 등등. 부정적인 감정을 한참 쏟아냈다. 그리고 글은 시간이 지날수록 밝아지기 시작했다. 아무도 들어주지 않았던 그 아이의 내면이 드디어 자신에게 닿고 있었다.

아이는 결국 자퇴했지만, 검정고시 준비를 하면서 세상을 향해 나아가고 있다. 아이는 자신을 미워하지 않겠다고 약속했다.

어차피 삶은 이어진다.
느리게 가도, 빨리 가도
천천히 멈추지 않고 가면 된다.

힘겨운 날은 잠시 앉았다가 가자.
그다음 날은 일어서기만 하고, 그다음 날은 반 발짝만 걷자.
아무리 고단하고, 아무리 눈물이 나더라도,
우리 모두의 문장은 멈추지 않을 것이다.

우리의 삶은, 우리의 문장은
지금도 현재진행형이다.

챌린지

도전, Challenge라는 단어는 중세 프랑스어 chalenge에서 왔다. 그때의 뜻은 '권리를 주장하다, 전통적 권위에 이의를 제기하다.'였다.

그 시기의 도전은 법정에서 시작해 기사들의 결투 자리로, 교회와 봉건 질서가 지배하던 삶의 무대 위로, 세상 곳곳으로 흘러나왔다. 그때의 도전은 기존의 가치와 권위에 맞서는 행위였다. 물론, 지금도 별반 다르지 않다.

생각해 보면,
우리는 모두 각자의 삶에 선 작은 기사들이다.
어떤 이는 사회가 정해놓은 규칙에 맞서고,
어떤 이는 집안의 오래된 굴레에 저항하며,
어떤 이는 자기 안의 과거와 싸운다.

내 지인은 10년 동안 다니던 회사를 그만두고, 도시를 떠나 시골에서 작은 카페를 열었다. 사람들은 '요즘 같은 세상에 미쳤다.'라고 했지만, 그녀는 매일 아침 직접 빵을 굽는다. 그녀의 빵에는 타인의 기준이 아닌 자신의 삶을 살고 싶었던 도전의 향이 밴다.

또 다른 친구는 우울증으로 오랫동안 방 안에서 나오지 못했지만, 지금은 최대한 해를 보려고 노력한다. 지금도 한강에 서면 눈물부터 난다는 그녀의 하루는 세상에서 가장 고된 전쟁이지만, 동시에 가장 아름답다.

나는 무엇에 맞서고 싶은지 생각해 봤다.
세상이 내게 강요하는 굳은 질서일까,
나를 처절하게 만드는 이 상황일까,
내 목을 조이는 내 손일까.

한 번쯤은 너와 마주 앉아 이야기하고 싶다.
넌 어떤 것에 도전하고 있냐고.
그리고 그 도전이 널 어디로 데려다줄지,
나도 함께 궁금해진다고.

또 봐

안녕,
이 글을 쓰는 내내 네 생각을 했어.
네가 커피를 마시거나, 술을 마시거나,
혹시 짧은 시간이라도
이 책과 함께 해줬을 거라고.
그래서 그 시간이 참 고맙더라.

난 너의 얼굴도, 나이도, 이름도 모르지만
아마 나처럼 마음이 말랑하고
뜨겁게 달았다가 때로는 한없이 작아지기도 하는
그런 사람일 거라고 생각했어.

요즘은 어쩐지 모든 게 엉망인 날이 많았어.
별일 아닌 일에 마음이 싱숭생숭하기도 하고
별로 대단한 일도 없는데 삶이 버거운 날도 있었어.

돌아보니 내 하루하루는
조각난 것도 있었고, 구겨진 것도 있었고,
맑고 파랗게 빛나는 것도 있었고,
눈부시게 투명한 것도 있었어.
모아 놓고 보니까 참 예쁜 선물이 되더라.

완벽한 삶이 어디 있겠어.
누구나 다 각자의 흠집을 가지고 하루를 보내는 거지.

그러니까 괜찮아.
오늘이 조금 울퉁불퉁하고 망가졌어도
그 하루는 여전히 너에게 온 선물이야.

다소 엉망인 하루를 살아낸 용기만큼
우린 충분히 괜찮은 사람들이야, 그치?

완벽하지 않은 하루라도 괜찮아-
그건 여전히, 선물이니까.

**이 책이 나올 수 있도록
응원해주신 분들 모두 감사합니다.**

완벽하지 않은 하루도 선물이야

ⓒ이레2025

초판 인쇄	2025년 11월 23일
초판 발행	2025년 11월 26일

지은이	이레
SNS	인스타그램 @ireh_waitforit
	스레드 @ireh_waitforit

펴낸 곳	웨잇포잇
이메일	pinggusol@naver.com
출판등록	2025년 5월 23일 제 370-2025-000016호

ISBN   979-11-993195-3-0 (13190)

책값은 뒤표지에 있습니다. 이 책은 저작권법에 따라 보호받는 저작물이므로 무단 전재와 무단 복제를 금합니다. 잘못 만든 책은 구입하신 서점에서 바꾸어드립니다.